飞天学堂

飞 天 畅 游

胡晓峰　主编

勾彦芳　生烁　梁霞　赵琼　副主编

北京市西城区育翔小学　编著

電子工業出版社·
Publishing House of Electronics Industry
北京·BEIJING

图书在版编目（CIP）数据

飞天畅游 / 胡晓峰主编. —北京：电子工业出版社，2017.11
（飞天学堂）
ISBN 978-7-121-32969-2

Ⅰ.①飞… Ⅱ.①胡… Ⅲ.①科学知识－小学－教材 Ⅳ.①G624.61

中国版本图书馆 CIP 数据核字（2017）第 263299 号

策划编辑：竺南直
责任编辑：赵玉山
印　　刷：中国电影出版社印刷厂
装　　订：三河市良远印务有限公司
出版发行：电子工业出版社
　　　　　北京市海淀区万寿路 173 信箱　　邮编：100036
开　　本：720×1000　1/16　印张：13.25　字数：190 千字
版　　次：2017 年 11 月第 1 版
印　　次：2017 年 11 月第 1 次印刷
定　　价：39.80 元

凡所购买电子工业出版社图书有缺损问题，请向购买书店调换。若书店售缺，请与本社发行部联系，联系及邮购电话：（010）88254888，88258888。

质量投诉请发邮件至 zlts@phei.com.cn，盗版侵权举报请发邮件至 dbqq@phei.com.cn。

本书咨询联系方式：buaagj@163.com。

前　　言

近代科学特别是在应用科学方面取得了前所未有的进步，人类在充分享受现代科技带来便利的同时，期望科学能走得更高更远！人类自古以来的飞天梦想就是伴随着科学的发展不断实现的过程。在生产力落后的时代，由于无法挣脱地球引力的藩篱，致使这个美好愿望难以实现。20 世纪科学技术的快速发展，使得人类的飞天抱负开始逐渐变为现实。航空技术的推进，使人类能够在大气中遨游；航天技术的发展，使人类能够进入太空飞行。

我国的航空航天教育也紧跟国际航空航天技术发展的前沿。2016 年，我国将每年 4 月 24 日设立为"中国航天日"；2016 年 11 月 10 日，我国第一颗由中学生参与研制的科普卫星——"少年梦想一号"卫星在酒泉卫星发射基地搭载长征 11 号运载火箭成功发射升空。由此，航空航天青少年科普教育渐渐拉开序幕。

《飞天学堂》系列教材基于我国航空航天教育的现实需求，结合国内外航天技术的最新成就，详尽地介绍了各种航天飞行器以及不断发展的航空新技术。系列教材集科学性、系统性、逻辑性、知识性、趣味性于一体，融入了劳动技术、绘画、数学、物理学、化学、生物学等多学科知识，使得青少年能够更直接、更客观地了解航空航天技术的昨天、今天和明天，把握未来航空技术发展的方向。

《飞天学堂》系列教材结合美国 STEAM 教育理念，即科学（Science）、技术（Technology）、工程（Engineering）、数学（Mathematics）、艺术（Arts），打破传统的单学科、重书本知识的教育方式，注重学生动手实践、超学科教育的整合。书中用通俗易懂的语言讲解航空航天知识，并根据儿童身心发展状态、认知水平合理安排内容。同时，为增加读者对航空航天知识的兴趣，提高读者的科学素养，书中设计了多种动手实验，能够边读、边学、边想、边做。

《飞天畅游》是《飞天学堂》系列教材的第四册，分上、下两篇，适合小学四年级

（上、下两学期）实践课程教学使用，也适合对航空航天知识感兴趣的青少年作为科普读物阅读。本书上篇讲解机载系统及机场的相关知识，认识机场的跑道及各种不同功能的工作车辆；下篇介绍飞机定位、控制及通信等重要设备，了解飞机辨别方向及进行通信的原理。

上篇共三个单元。第一单元主要介绍飞机机载系统，内容包括影响飞机安全的各个因素、飞机的灯光系统，与计算机知识相结合，要求学习计算机基础知识，掌握 Word 等办公软件的使用方法；第二单元介绍机场跑道，内容为机场跑道尺寸、标识及灯光系统，与计算机、物理、机器人等知识相结合，了解串、并联电路，搭建跑道灯光系统；第三单元介绍各种机场工作车辆，认识各种工作车辆的特点及用途，与力学、劳技、结构、动力学等内容相结合，制作飞机牵引车，设置情景剧表演活动。

下篇共四个单元。第一单元讲解飞机航向的相关知识、辨别方向的基本方法，学习自救常识，并与历史知识相结合，认识我国古代四大发明并重点了解指南针的相关知识，此外还设置了制作指南针的活动；第二单元认识陀螺仪，介绍陀螺仪原理及在飞机上的应用，与生物学知识相联系，学习仿生学相关内容，设置陀螺仪趣味赛，在实际操作中领悟定轴性原理；第三单元介绍定位系统的定位原理及我国定位系统发展现状，感受祖国科学技术水平的进步，增强民族自信心；第四单元介绍飞机的通信设备及飞机通信原理，充分结合物理、劳技、英语知识，设置了制作无线电报机的活动，并利用摩尔斯电码编制密报。

在《飞天学堂》系列教材编写过程中，北京航空航天大学的专家学者从知识框架、技术发展等学理上给予了大量支持，北京市知名中小学一线教师提供技术帮助，北京东易晖煌国际教育科技有限公司为本书提供了编写内容并协助编写。在此向所有为本书编写付出努力的个人和机构表示感谢！

目录 Contents

实践活动课程飞天学堂

目录 Contents 实践活动课程飞天学堂

上 篇

第一单元 飞机之心

　　飞机飞行的安全性一直都是大家十分关注的话题，让我们一起走进飞机，了解飞机的内部结构和安全性能。

计算机在日常生活中发挥着越来越重要的作用，不断改变着人们的生活方式与生活理念。大家在家里肯定也接触过计算机，并了解一些计算机的基本知识。

一、计算机知识

（一）计算机硬件

1.主机

主机是计算机最重要的组成部分，其中安装着计算机的中央处理器、存储器等重要部件。

台式机主机　　　　　　　笔记本电脑

中央处理器（CPU）是计算机的核心部件。它就像计算机的大脑，加工处理从外界获取的信息，向计算机的其他部件发布指令，控制计算机的运行。

CPU

2.输入、输出设备

键盘、鼠标等设备用于将计算机外部的信息向计算机内部传输，称为输入设备。

键盘

摄像头

鼠标

游戏操纵手柄

显示器、音箱等设备用于将计算机内部的信息传输到计算机外，称为输出设备。

显示器

音箱

耳机

打印机

3.存储设备

内存条、硬盘、光盘、U盘等用于保存信息的设备，称为存储设备。

光盘

硬盘

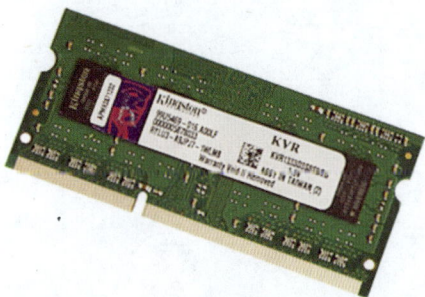

内存条

U盘

（二）计算机软件

1.操作系统软件

计算机启动后，首先运行的是操作系统软件。操作系统软件就像计算机的小管家，管理着计算机的各种资源，使计算机的各部分能协调运转。

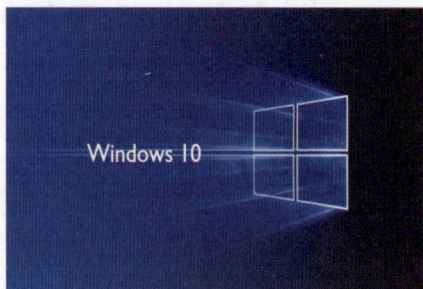

2.应用软件

使用计算机做具体工作时，还要在计算机中预先安装相应的应用软件，如文字处理软件、画图软件、游戏软件等。

二、客机的机载计算机系统

　　民航客机的机载计算机系统主要进行空中飞行计划的制定。通过使用各种传感器（如GPS）来实时确定飞机的位置，并且给出航向、计算航程、估计飞行时间及到达时间、测量风速风向等，此外还可以进行实时导航，帮助飞机节省燃料。

三、无人机的机载计算机系统

　　无人机是一种不搭载人员的飞行器，通常使用遥控或自动驾驶的方式来控制。

　　英国新研发的"雷神"无人战斗机采用最新的机载计算机系统，具有一定的自主性，能够自主控制无人机沿着搜索空域航行，同时可以自动对任何威胁或意外情况做出反应。

1.打开Word文档

学习中，经常会用到Word文档展示作业。那么如何打开Word文档呢？

方法一：将鼠标移至文档图标处，双击鼠标左键。

方法二：将鼠标移至文档图标处，单击鼠标右键，选中"打开"，单击鼠标左键。

方法三：在开始图标处单击鼠标左键，在打开的菜单中选中Word文档一栏单击鼠标左键。

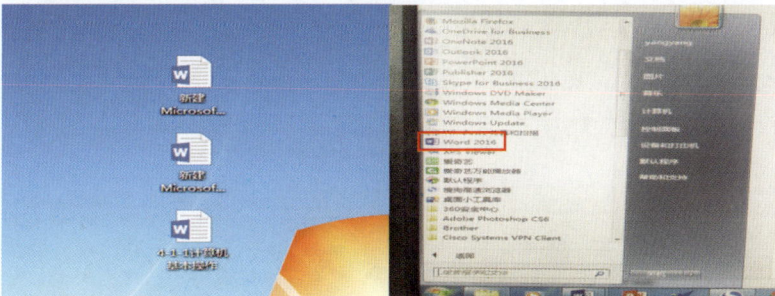

2.快速关闭多个窗口

将鼠标移至任务栏该程序的图标处，单击鼠标右键，选中"关闭窗口"一栏，单击鼠标左键，即可快速关闭该程序打开的多个窗口。

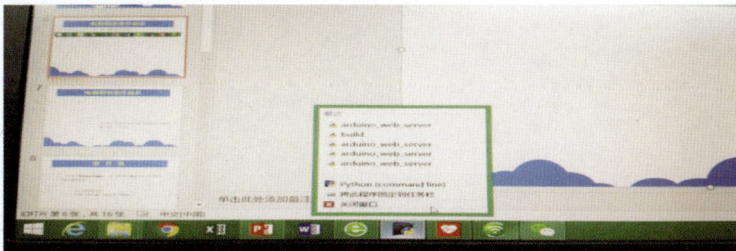

尝试一下各种计算机操作，请将你在操作中遇到的问题记录下来。

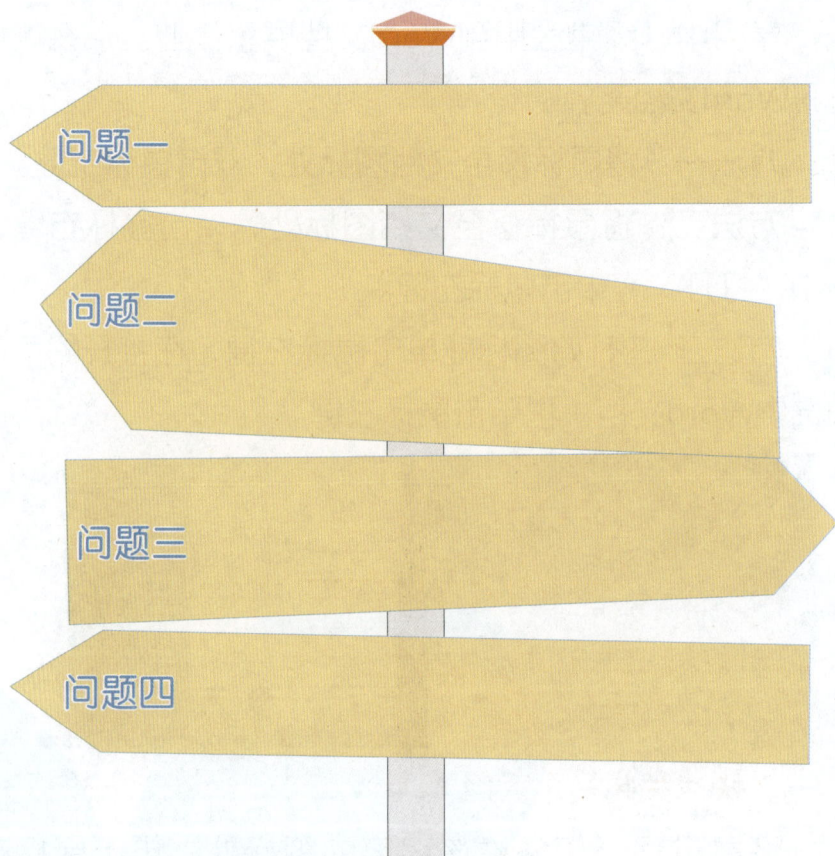

问题一

问题二

问题三

问题四

02 飞机的飞行状态

飞行状态是指飞机在某一瞬间的运动情况，下面一起来认识客机从起飞到降落过程中的不同飞行状态吧！

一、客机飞行状态

客机一般有6种飞行状态，分别是起飞、爬升、巡航、下降、进近、复飞。注意观察下图中飞机在各个飞行状态时的姿态，想一想每一种飞行状态是在完成哪种飞行任务。

1.起飞和爬升

起飞是指飞机由地面向空中飞行的阶段，即从起飞线开始向前滑行到离开地面、爬升至安全高度为止的加速运动过程。

2.巡航

飞机起飞后，爬升到一定高度，就可以稳定在这一高度，开启自动驾驶，让客机处于巡（xún）航（háng）状态。巡航是指飞机完成起飞阶段进入预定航线后的飞行状态。飞机开始巡航后，可以降低耗油量，节省燃油。

3.下降和进近

起飞和下降是相对的。下降是指飞机由空中向地面飞行的阶段。

进近是指飞机下降时对准跑道飞行的过程。在进近阶段，飞机要调整高度，对准跑道，从而避开地面障（zhàng）得（ài）物。

4.复飞

　　正常情况下，飞机在进近状态后，就可以安全着陆。但有时也会发生一些意外，当飞机下降到决断高度，驾驶员认为不具备着陆条件时，就需要复飞。

飞机飞行的六种状态：起飞、爬升、巡航、下降、进近、复飞，它们包括了飞机飞行的整个过程。请在下面的示意图中填写不同的飞行状态。

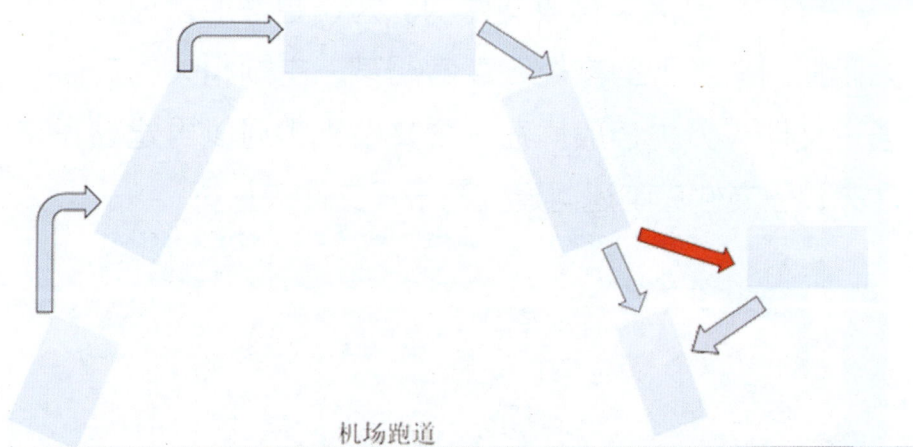

机场跑道

1.文件夹

文件夹是用来存放文件的。为了更好地管理文件，人们把同一类型的文件，或者和某一主题相关的文件，通过文件夹分类存放。在一个文件夹中可以再建立子文件夹，子文件夹中还可建立若干子文件夹……

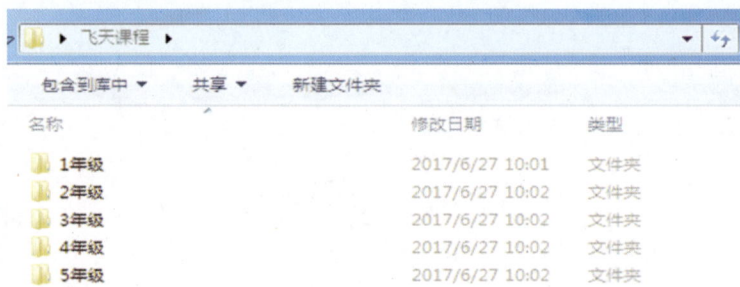

2.新建文件夹

在桌面空白处单击鼠标右键，选择"新建"一栏，在文件夹的图标处单击鼠标左键，即可新建文件夹。文件夹建好后，桌面会显示建好的文件夹，文件夹名称处显示为蓝色，输入你想为文件夹取的名字即可完成文件夹的命名。

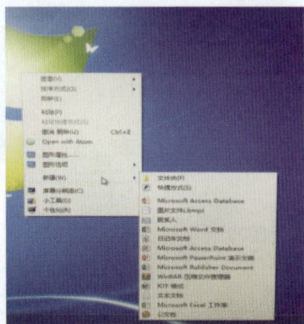

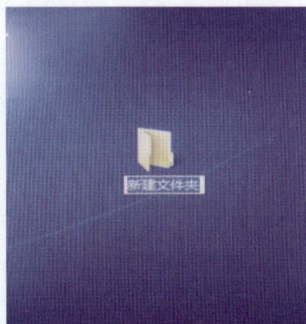

二、操作小能手

分类整理

（1）新建一个文件夹，命名为"飞天4-2"。

（2）在"飞天4-2"文件夹中新建两个子文件夹，分别命名为"4-2-1起飞爬升"、"4-2-2进近复飞"。

（3）把示例材料按类别移动到对应的新建文件夹里。

完成上面的操作要求，记录下你所遇到的问题。

问题一

问题二

问题三

问题四

03 客机的飞行安全

　　每天上学之前，爸爸妈妈都会叮（dīng）嘱（zhǔ）我们要注意安全。选择乘坐飞机出行的时候，也要时刻注意飞行安全。

飞机自己不会飞行，需要人进行操作；飞机的机翼、发动机等组成部分也会存在一定的安全隐患，需要进行检修；飞机在高空中飞行，要随时应对不同的天气状况。

　　根据上面的提示，试一试将影响客机飞行安全的因素填在下面的图中。

三大要素影响飞行安全

一、人为因素

1.飞行员

飞行员作为飞机的驾驶者，肩负着保护整架飞机全体成员生命安全的重任。一个优秀的飞行员要具备能随时应对突发状况的能力。

飞行员应该具备什么样的素质？请填写在下图中。

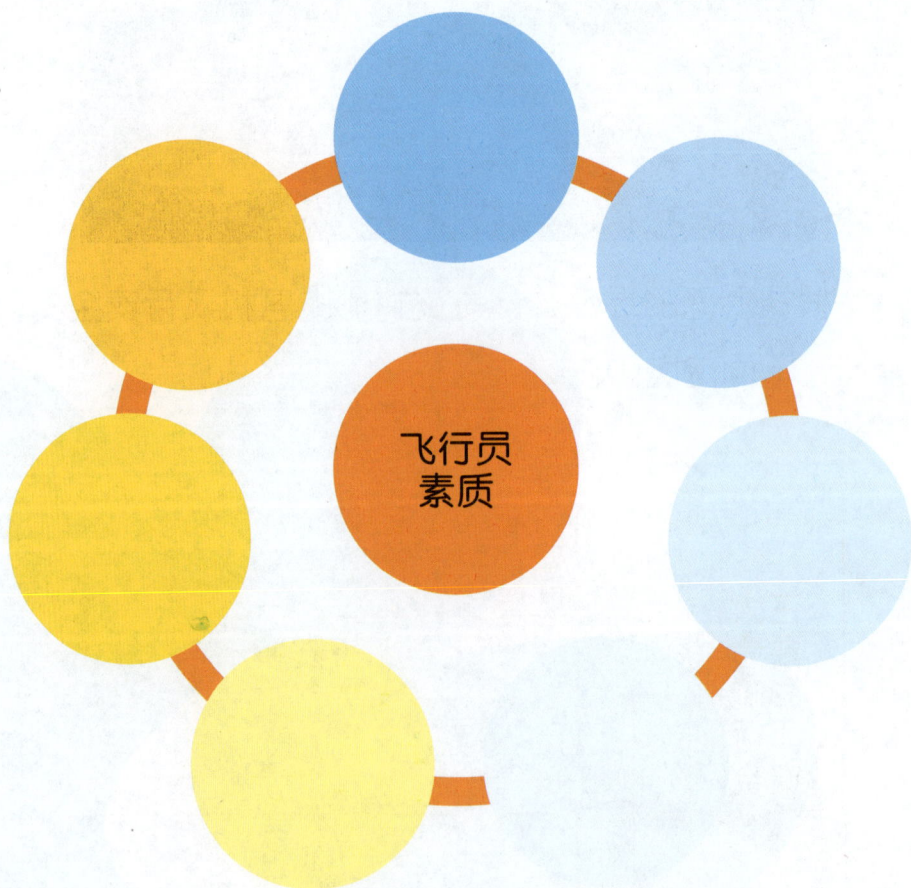

飞行员
素质

2.空管人员

空管，就是利用通信、导航技术和监控手段对飞机的飞行活动进行监视和控制，保证飞行安全和有序飞行。

塔台

空管人员

3.安检人员

安检对于飞行安全是一个重要环节，随身物品和携带的行李都需要经过安检人员严格的检查之后才可带上飞机。在航班上有许多禁止携（xié）带（dài）的物品，乘坐航班时一定要注意。

　　根据自身的出行经验，想一想，乘坐航班有哪些不能携带的东西？

乘坐航班不能携带的东西

4.空乘人员

空乘人员并不只负责引导我们上下飞机，或者给大家准备餐食，他们最重要的工作是在飞机出现危难之时协助乘客逃离险境。

5.乘客

一架客机中人数最多的是乘客，保障飞机飞行安全，乘客是重要的一部分。飞机上禁止使用手机、禁止吸烟、不能乱摸乱动飞机上的一些按钮和设备、要与其他人友好交往。

禁止吸烟
NO SMOKING

先生,飞机安全门是不能随便打开的呀!

我要下飞机!

　　2017年6月27日,由上海浦东开往广州的CZ380次航班的旅客登机时,一位老年旅客为了祈福,向发动机处抛掷9枚硬币,其中一枚落入发动机内,机场工作人员立即对发动机进行检修。该乘客的行为导致航班延误6小时。如果该乘客的行为没有被及时发现和制止,飞机一旦飞入空中,掉落在发动机内部的硬币很可能使发动机突然停止工作、飞机瞬间失重,甚至会导致发动机在空中爆炸。

　　看了小资料,说一说你在乘坐飞机时准备如何去做?

二、飞机因素

除了人为因素外，飞机本身的状况也是影响飞行安全的一个重要环节。怎样才能确保飞机本身是安全的呢？

1.飞机的设计与生产

新设计、生产的飞机必须通过适航标准的审定，符合适航标准才能交付使用。

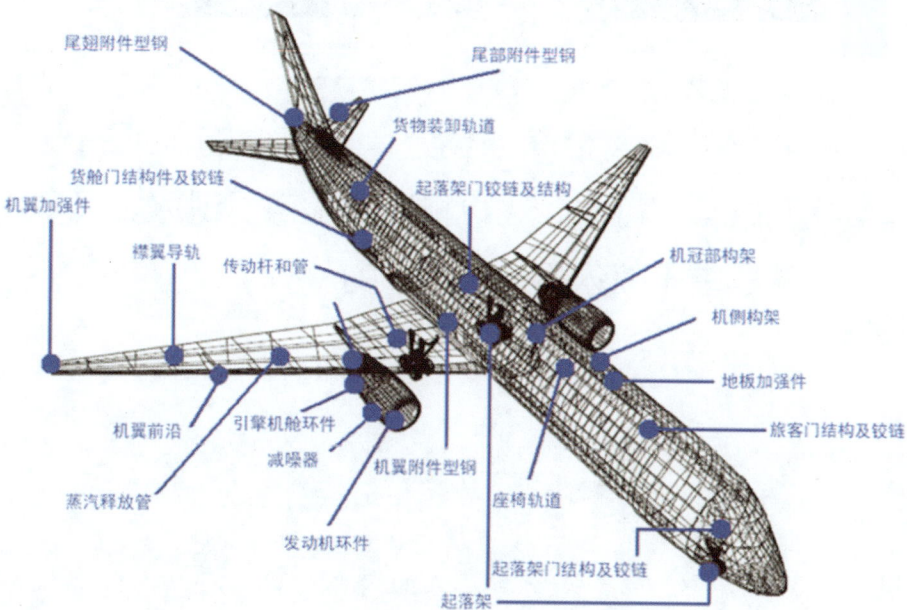

尾翅附件型钢
尾部附件型钢
货物装卸轨道
货舱门结构件及铰链
起落架门铰链及结构
机翼加强件
襟翼导轨
传动杆和管
机冠部构架
机侧构架
地板加强件
机翼前沿
引擎机舱环件
减噪器
机翼附件型钢
旅客门结构及铰链
蒸汽释放管
座椅轨道
发动机环件
起落架门结构及铰链
起落架

2.飞机维修与除冰

飞机每次飞行前，都会由专业检修人员进行检查，及时排除安全隐患，保障飞机的飞行安全。

除此之外，飞机除冰也是保障安全的一项重要工作。在云层中飞行时，飞机机身非常容易积冰。很多飞行事故就是由于除冰不及时引起的。

瑞安国际航空公司一架DC-9-10飞机，在暴雪天气中装载邮件35分钟未除冰，导致飞机失事。巴纳特航空公司一架安-24飞机，起飞后爬升到大约500英尺时，失去高度并坠毁。当时机场下着雪并有强风，专家们分析，有可能是机翼结冰造成的。

三、环境因素

环境主要分为自然环境和社会环境，都对飞机的飞行安全起着重要的作用。

1.自然环境

为了保证飞行安全，飞机会因为气候不好延误或迫降。你知道哪些会使飞机延误的恶劣环境因素？

2.社会环境

社会环境因素同样影响着飞行安全。有些地区时局动荡，战火纷飞，其民用航空事故率呈现增长趋势，有些客机甚至可能被导弹击落。

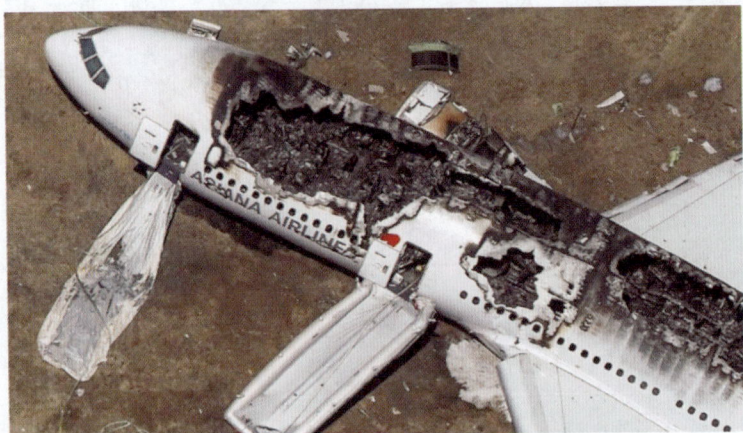

小资料

北京时间2014年7月17日晚，马来西亚航空公司MH17客机在乌克兰境内坠毁，机上约280名乘客及15名机组人员全部遇难。乌克兰政府及东部武装互相指责对方击落了客机。

1.搜索引擎

搜索引擎是专门为你提供信息"检索"服务的网站，它使用特有的程序把网上的各种信息归类以帮助人们在浩如烟海的信息海洋中搜寻自己所需要的信息。

2.常用搜索引擎

Google：http://www.google.com/

百度：http://www.baidu.com/

360：http://se.360.cn/

3.搜索资料的方法

在浏览器图标处双击鼠标左键打开浏览器，在网址一栏中输入你想使用的搜索引擎网址后按下键盘上的Enter键，进入搜索引擎网站后，将描述待查信息的文字输入搜索栏，按下Enter键，就可以查找到许多相关资料。

4.下载图片的方法

搜索出图片后，在图片上单击鼠标右键，选中"图片另存为"一栏单击鼠标左键，在打开的对话框中选择想存入的文件夹，双击鼠标左键打开后，即可将图片存到文件夹中。

5.下载文字的方法

从你想下载的段落中第一个字开始，按下鼠标左键不要松手，拖动鼠标，将文字全部选中后，松开鼠标，蓝色区域内便是你选中的文字。在蓝色区域单击鼠标右键，选中"复制"一栏单击鼠标左键，打开Word文档，在文档空白处单击鼠标右键，选中"粘贴"一栏单击鼠标左键，即可将文字粘贴在Word文档中。

在下载图片和文字时，要注意知识产权保护的问题。

四、思维大爆炸

请你上网查找飞行安全的相关信息，结合所学内容，思考：不同群体该如何保障飞机的飞行安全？

飞行员	
安检人员	
飞机生产商	
维护人员	
乘客	

在晚上眺(tiào)望(wàng)天空的时候，偶尔会看到一红一绿两个闪烁的灯光在不断移动。这不是天上的星星，而是飞行中的客机。你知道飞机在晚上都有哪些灯亮吗？

如果你是飞机设计师，为了保障飞机在晚上起降、空中飞行的安全，你会在飞机外部哪些地方装上灯光呢？

一、飞机外部灯光系统

1.防撞灯（信标灯）

红色防撞灯：又叫信标灯，英文名为beacon。分别在飞机的上、中、下部各安装一盏，用途是防止航空器相（xiāng）撞（zhuàng）。

红色防撞灯

白色防撞灯：是一种白色频闪灯，通常安装在翼尖，有的安装在机尾（比如波音777），一般在进入跑道或起飞后才开。

白色防撞灯

2.机翼灯

机翼灯：英文名为wing lights，位于机翼前方的机身上，左右两侧各两个。可以照亮机翼前缘及发动机进气口，用于检查结冰情况。

机翼灯

3.航行灯

航行灯：英文名为navigation lights，分别为左红、右绿、尾白，分别安装在机翼尖和尾椎上，用来指明飞机方位及其飞行方向。

机翼左侧红色航行灯

机翼尾部白色航行灯

小知识

　　飞机航行灯是从航船航行灯延续而来的，都是遵循左红、右绿、尾白的原则进行设置。

4.机头灯

此灯安装在前起落架上，用于滑行道及跑道的前照明，飞机起飞后，前起落架收起时，自动关闭。

飞机机头灯

5.着陆灯

着陆灯：英文名为landing light，此灯安装在两侧机翼翼根，左右各两盏，用于起飞、着陆时照亮跑道。

飞机着陆灯

着陆灯的作用：

（1）进近阶段使地面人员更好地观察到飞机；

（2）引起其他航空器的注意；

（3）驱鸟。

着陆灯的使用也要根据实际情况灵活掌握，在某些特殊环境下机长有权不使用着陆灯，如夜间在大雨天、雪天，如果打开着陆灯可能会降低能见度。

着陆灯

6.跑道脱离灯

跑道脱离灯：英文名为runway turn off light，在翼根位置或者在前起落架减(jiǎn)震(zhèn)支柱上，左右各一盏，分别对机头前方两侧照明。

7.标志灯

标志灯：英文名为logo light，位于飞机水平尾翼，对航空公司的标志进行照明。

二、灯光操作步骤

若你是一架飞机的机长，你将会怎么操作这些灯光？

想一想，说一说你操作这些灯光的方法吧！

在茫茫夜色中飞行，如何避免因视线不好而和其他飞机相撞？灯光，就是其中最有效的方法。在飞机的固定位置设置的航行灯，不仅可以避免飞机相撞，还能显示飞机的大小和航向。

一、航行灯

你记得飞机上的航行灯吗？在下图中标出航行灯的位置及颜色。

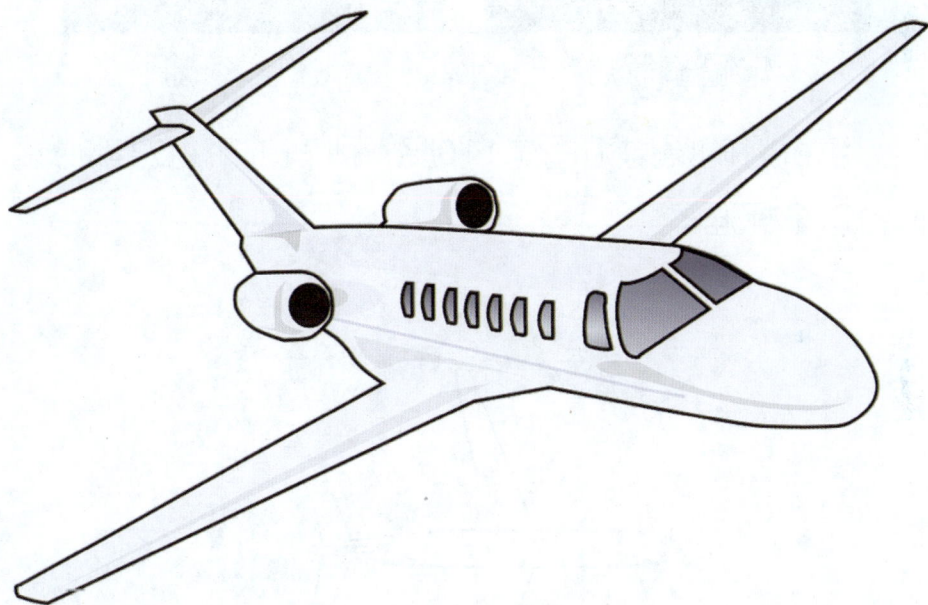

航行灯是指航空器或船（chuán）舶（bó）夜航时，用以表示自身位置和运动方向，便于互相避让、识别的信号灯。

轮船航行灯

飞机航行灯

航行灯的照射范围是110度，所有的航行灯都必须符合这个标准。

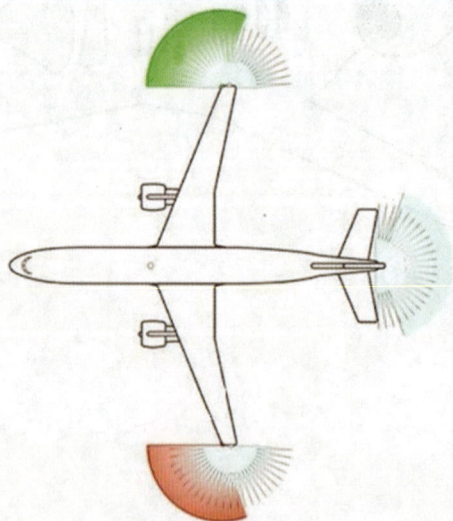

红、绿、白三色标识为航行灯的照射范围。

二、航向判断

1.相对航行

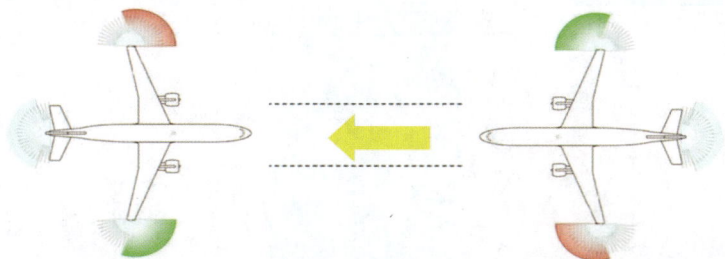

在飞行中，如果从驾驶舱看到前方的飞机右侧闪红光，左侧闪绿光，飞行员马上就可以知道有飞机在和自己相对航行。

2.垂直相交

在飞行中，如果从驾驶舱看到前方的飞机有红光和白光闪烁，或有绿光和白光闪烁，飞行员就可知道有飞机在自己正前方飞行，且航向与自己的飞行方向垂直。

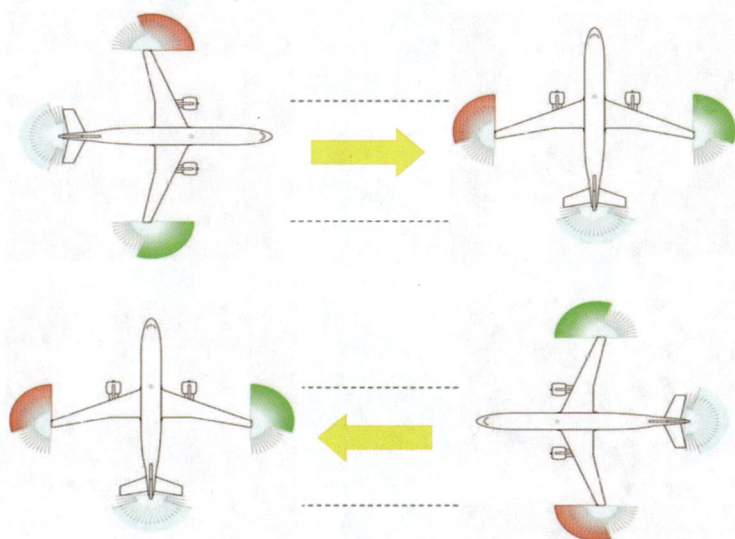

3.倾斜交叉

在飞行中，从驾驶舱看到前方的飞机只有绿光或只有红光闪烁，飞行员就可以判断出有飞机在自己前方飞行，且航线与自己的飞行方向倾斜交叉。

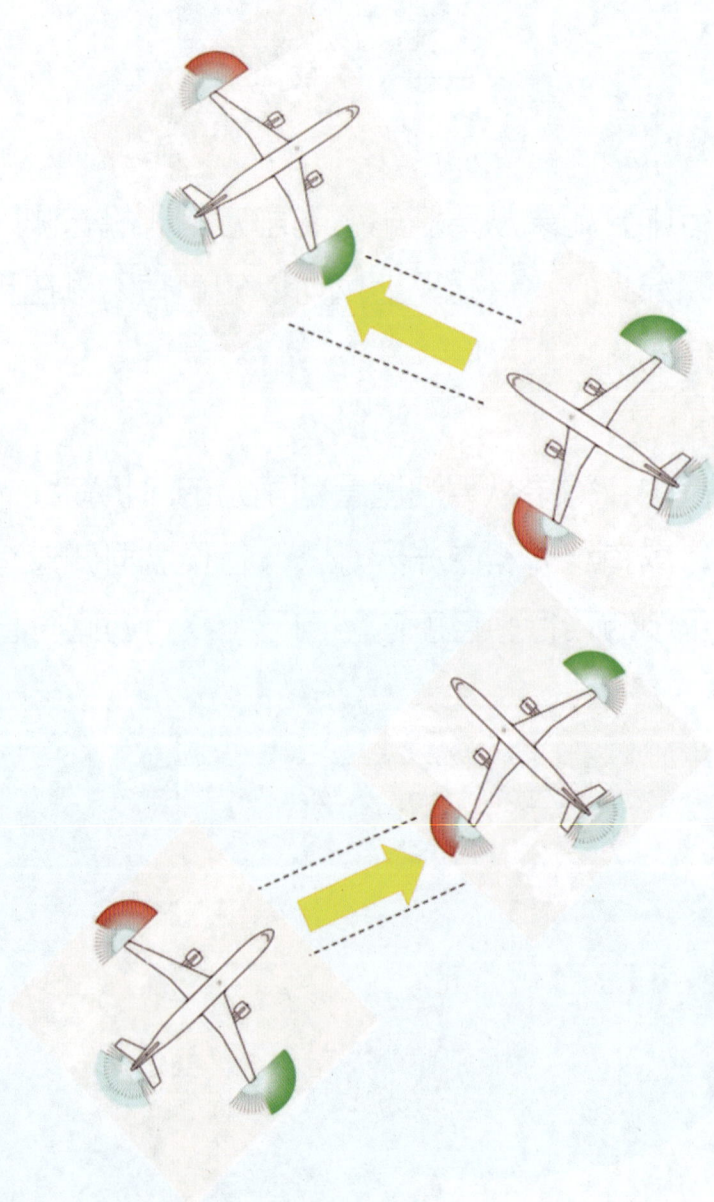

三、我的航行灯

了解了航行灯的相关知识，动手来制作一个简易的航行灯。

（1）准备好铜胶带、红色Led灯、绿色Led灯、白色Led灯和电池；

（2）在画框中画出飞机的形状，将电池放置于机身中间位置；

（3）按照航行灯的设置规则，将Led灯分别放置于机身相应位置；

（4）用铜胶带将电池与Led灯连接，注意Led灯的短脚接电池负极、长脚接电池正极。

进步之星

在下面的进步之星评比表中，每一项的分值为10分，请根据自己的行为表现打分吧！

指标	分值	自评	小组成员评分	师评得分
在课堂上认真听讲	10			
积极参与分工合作	10			
愿意进行表达交流	10			
认真全面查阅资料	10			
作业或任务表现好	10			
评价结果	□优秀　□良好 □合格　□相信下次做得更好			
我的收获及设想				
我感到好奇的新问题				

第二单元 机场跑道

　　夜晚飞机降落，需要依靠机场地面上许许多多的灯光指示信息，这些五彩斑斓的灯光保证了飞机的安全降落。除了灯光，机场的跑道还有更为丰富的知识，我们一起来了解跑道的相关秘密。

机场跑道的灯光系统能够帮助飞行员应对不同的天气状况，保障飞机的安全降落。

第一套机场跑道灯光系统于1930年在克利夫兰市立机场（现称克里夫兰霍普金斯国际机场）开始使用。机场的灯光系统主要分为进近灯光系统、着陆灯光系统和滑行灯光系统。

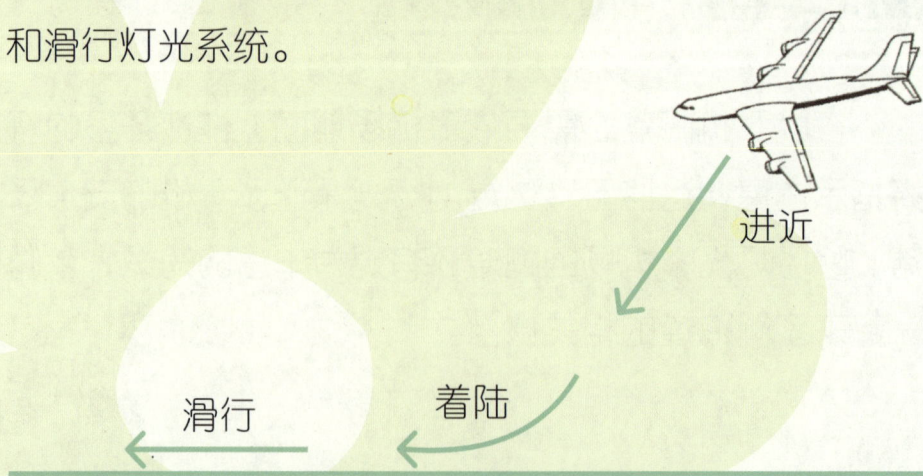

进近

滑行　　　着陆

一、进近灯光系统

　　进近灯光系统安装在跑道的进近端，帮助飞行员在飞机进近到达预定点的时候对齐跑道。进近灯光系统分为进近中线灯、进近横排灯、进近旁线灯、目视进近坡度指示器。

进近中线灯

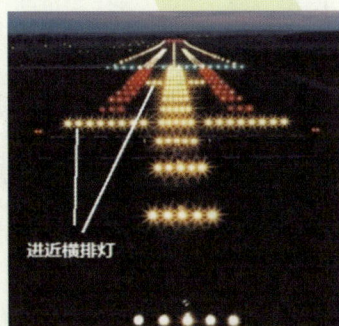

进近横排灯

进近旁线灯

目视进近坡度指示器

　　想一想，这些灯的设置分别起什么作用？

在每个目视进近坡度指示器的指示灯前，放有一块滤光玻璃，上红下白，玻璃前方放一挡板，挡板上有可调整的窄缝。从飞机上看这组灯光，若驾驶员看到的是上红下白的光，此时飞机的下降坡度才是正确的，可以安全着陆。

想一想，如果飞行员看到的全是白光，表明飞机飞得过高还是过低？

二、着陆灯光系统

着陆灯光系统，主要集中在跑道上。包括跑道入口灯、跑道边线灯、跑道中线灯、跑道末端灯等。

想一想它们起什么作用，将它们的作用填写在图片右边的横线上。

跑道入口灯

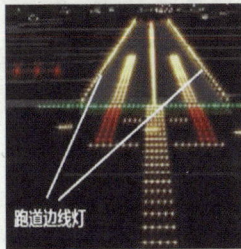
跑道边线灯

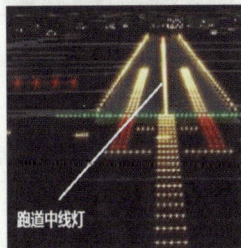
跑道中线灯

跑道末端灯

跑道接地地带灯

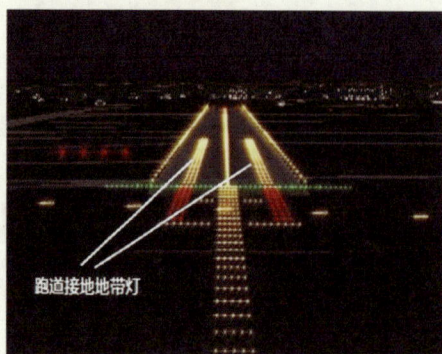

只有精密进近跑道的接地地带才会设置跑道接地地带灯，接地地带灯由若干横向排列的灯组组成，灯光颜色为可变白色。

快速出口滑行道指示灯，为单向黄色恒定发光灯，设置在跑道与快速出口滑行道连接一侧的跑道上，帮助驾驶员找到最近的滑行出口。

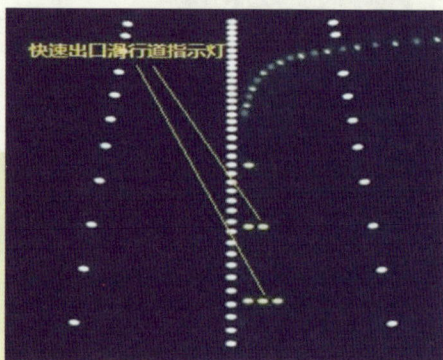

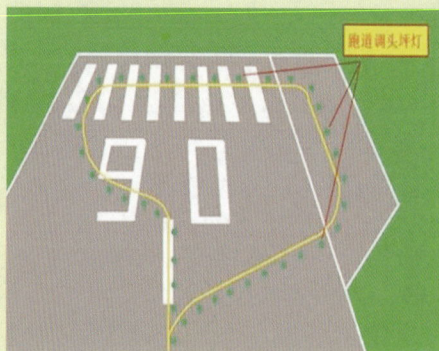

快速出口滑行道指示灯

跑道调头坪灯

跑道调头坪灯是发绿色光的单向恒光灯，在低能见情况下为驾驶员提供连续引导，以使飞机能进行180度的转弯并对准跑道中线。

54

三、我是小小讲解员

我们学习了机场跑道灯光系统的基本知识，绘制机场跑道并在跑道上画出跑道入口灯、跑道边线灯及跑道末端灯，给父母讲讲你的收获。

家长评价：

02 滑行道灯光系统

　　滑行道灯光系统也是机场灯光系统的重要组成部分，包括滑行道中线灯、滑行道边灯、停止排灯、中间等待位置灯及跑道警戒灯。

一、滑行道灯光系统初识

根据下列图片中灯的名字，想一想它们会在滑行道的什么位置？有什么功能？

滑行道中线灯

滑行道边灯

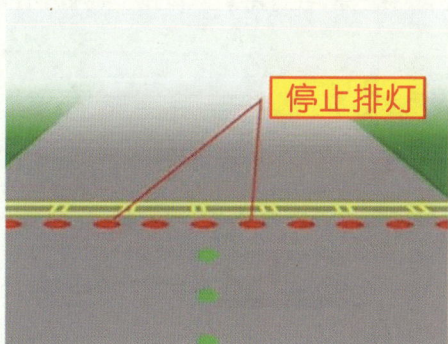
停止排灯

中间等待位置灯

跑道警戒灯

二、制作小能手

在串联电路中，如果有一个用电器损坏或某一处断开，整个电路将变成断路，所有的用电器都将停止工作，所以在串联电路中，各个用电器互相牵连，要么全工作，要么全部停止工作。而在并联电路中，即使某一支路变成断路，其它支路仍然可以连通，各支路之间互不牵连。

请你仔细观察下方图片，再找一找，串联电路和并联电路还有哪些不同之处。

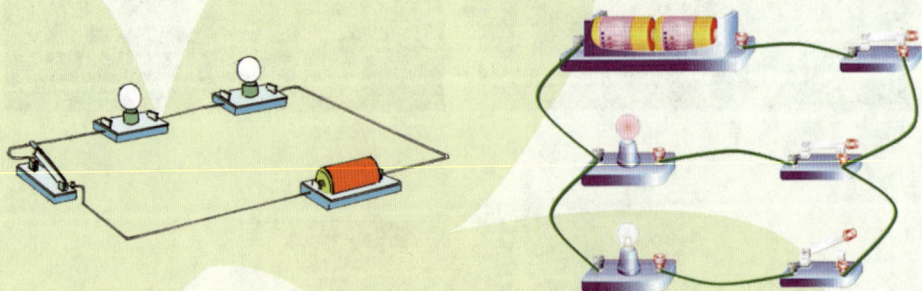

三、我是小小工程师

任务一：利用电池、导线搭建一个简单电路，让飞机跑道上的小灯亮起来。

任务二：想一想，怎样利用ppt制作闪闪发光的防撞灯。

03 跑道的基本参数

　　为了保障飞机安全起飞降落，机场跑道也不是随意修建的，它有相应标准与相关参数，包括跑道方向和跑道号、基本尺寸、道面、强度四大方面。一起来了解跑道的基本参数吧！

一、跑道方向和跑道号

1.跑道方向

　　飞机一般尽量逆风起降，机场主跑道的方向一般和当地的主风向一致。北京冬天经常刮北风，夏天则多为南风，所以北京首都国际机场的跑道方向是南北方向的。

2.跑道号

跑道号是按跑道的方向命名的。机场根据该跑道的方向和角度，以10°为区间，取01~36共计36个编号进行编码。

小知识

为精确起见，跑道命名时的方向采用360°的方位予以表示。以正北为0°，顺时针旋转到正东为90°、正南为180°、正西为270°，再回到正北为360°或0°。如果该跑道双向使用，则跑道两端都要编码，跑道两端的航向相差是180°，即跑道号相差18。例如一条跑道指向东北的方向为50°，跑道号就是05，相反方向就是230°，跑道号是23。

如果有一条跑道的编号是18/36，你能知道它的方向和角度么？

跑道号18/36

二、跑道基本尺寸

1.跑道长度

跑道的长度取决于所能允许使用的最大飞机的起降距离、海拔高度及温度。海拔高度高，空气稀薄，地面温度高，都有可能导致发动机功率下降，因而需要加长跑道。

2.跑道宽度和坡度

跑道的宽度取决于飞机的翼展和主起落架的轮距，一般不超过60米。

跑道道面分为刚性和非刚性道面。刚性道面由混凝土筑成，能把飞机的载荷承担在较大面积上，承载能力强。非刚性道面有草坪、碎石、沥青等各类道面，这类道面承载能力小，只能用于中小型飞机起降的机场。

跑道强度也是跑道的重要参数，决定了该跑道适合飞什么样的飞机。国际民航组织规定使用飞机等级序号（AirCraftClassficationNumber，ACN）和道面等级序号（PavementClassficationNumber，PCN）来决定该型飞机是否可以在指定的跑道上起降。

PCN数是由道面的性质、道面基础的承载强度经技术评估而得出的，每条跑道都有一个PCN值。

ACN数则是由飞机的实际重量，起落架轮胎的内压力，轮胎与地面接触的面积以及主起落架机轮间距等参数由飞机制造厂计算得出的。

当ACN值_____PCN值，这类型的飞机可以无限制地使用这条跑道。

当ACN值_____PCN值5%至10%时，使用该跑道会缩短使用寿命。

三、跑道与机场

跑道是一个机场的重要组成部分，它决定了机场的等级标准。

小知识

飞行区等级由两个部分组成的编码来表示，第一部分是数字，表示飞机场地长度。第二部分是字母，表示飞机的尺寸所要求的跑道和滑行道的宽度，如下表：

第一位：数字		第二位：字母		
数字	飞机场地长度	字母	翼展	轮距
1	小于800米	A	小于5米	小于4.5米
2	800米至1200米	B	5米至24米	4.5米至6米
3	1200米至1800米	C	24米至36米	6米至9米
4	1800米以上	D	36米至52米	9米至14米
		E	52米至65米	9米至14米
		F	65米至80米	14米至16米

目前我国大部分开放机场飞行区等级均在4D以上。我国北京首都国际机场、广州白云国际机场、上海浦东国际机场、深圳宝安国际机场、西安咸阳国际机场、成都双流国际机场、重庆江北国际机场、武汉天河国际机场、桂林两江国际机场拥有目前最高飞行区等级4F。

四、思维大爆炸

空中客车A380，是法国空中客车公司所研发的巨型客机，也是全球载客量最大的客机，有"空中巨无霸"之称。

A380的尺寸如下：

长度：73 米　　翼展：79.8 米

高度：24.1 米　　机翼面积：845 平方米

结合所学的知识，你知道哪个等级的机场可以起降空客A380？

机场跑道除了灯光系统，还有许多标识牌。标识牌的颜色搭配不尽相同，它们发挥的作用也各不一样。你知道这些标识牌有什么作用吗？

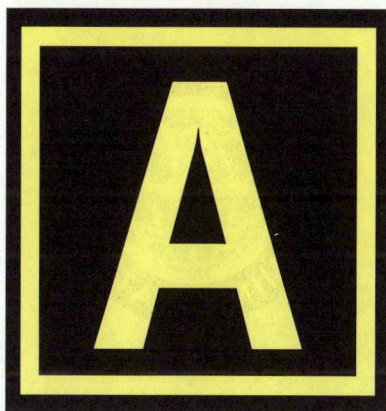

一、强制性标识牌

一般而言，红底色白字体的标识牌为强制性标识牌，任何时候看到红色的标识牌，飞机都要等待，只有在获得航空管制（ATC）的指令后才可以继续滑行。

ICAO　　　　FAA

小知识

FAA：Federal Aviation Administration，指美国联邦航空管理局，隶属于美国运输部，其主要任务包括：促进民航安全管理；鼓励和发展民用航空，包括航空新技术；开发和经营空中交通管制、导航系统的民用和军用飞机等。

ICAO: International Civil Aviation Organization，指国际民航组织，是联合国管理国际民航事务的专门机构，总部设在加拿大蒙特利尔。

二、方向标识牌

方向标识牌表示内容虽不同，但都是黄底黑字。想一想下图中的方向标识牌的指示含义是什么？

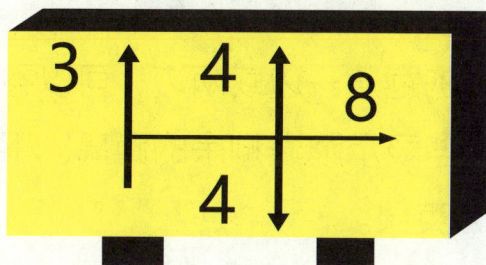

三、位置标识牌

在跑道和滑行道上，看到黑底黄字的指示牌，就可以知道飞机正在哪条跑道或滑行道上。例如，在跑道处看到下图，就表示你所处的位置是27号跑道。

有些机场的跑道一边或两边，可以看到黑底白数字的标识牌，这些表示跑道剩余的距离。下图表示跑道剩余长度为5000英尺。

四、目的地标识牌

目的地标识牌也是黄底黑字，标识牌上的内容表示机场的某一个目的地。一般来说，这种标识牌上都有一个箭头，用于指示目的地的方向。

军用区目的地标识牌

民用区目的地标识牌

国际候机楼标识牌

前方直行为10号跑道和货运区，禁止进入右侧的滑行道

五、制作小能手

选择你自己感兴趣的跑道标识牌进行深入研究，并用计算机画图软件设计或绘图设计一个跑道标识牌，说明你所设计标识牌的含义。

05 机场的指示标志

一、登机程序

结合生活经验，想一想去机场乘坐飞机，需要经过哪些程序才能登上飞机？

（一）办登机手续（Check-in）

进入机场大厅，根据标识牌找到办理乘机手续的柜台，出示身份证，便可领取机票并挑选座位了。办理登记手续时，可将大件行李和液体物品进行托运。

（二）安检（Security Check）

办理好登机手续后，根据标识牌找到安检口，进行安检，进入候机大厅。

（三）登机口（Gate）

通过安检后，根据登机牌上标明的航班登机口位置，找到与登机口对应的候机厅。

除了上述三个重要的标识牌，国际机场会有"Seatiing area"座位区和"Toilets"洗手间的标识牌以及"Arrivals"到达标识牌。

座位区

洗手间

到达

二、思维大爆炸

观看下列机场标识，围绕问题进行小组讨论。

机场常用标识及用语

| Check-in | Terminal 1 → | Departure ↑ / Arrival → | Connecting Flights ↓ |
| 登机办理柜台 | 1号航站楼 | 出发　　到达 | 转机航班 |

Customs control ↗ / Passport control ↗	AIRPORT	↑ Bag claim / Baggage hall	Gates 1-29 ↑ / Gates 30-54 ↗ / Gates 55-79 →
海关　　移民局	机场	行李提取处　　行李大厅	← Gate 20 | Gate 21 →
			登机口

1.看完了这些机场标识，发现了什么？

2.这些标识都是由哪几部分构成的呢？

3.如何准确区分出发和到达的标识?

三、制作小能手

可以利用计算机上的绘图软件,制作你喜欢的标识,并说明这个标识有什么作用?

机场如同城市的一扇窗口，走进机场就是在了解一座城市。你到过哪些印象深刻的机场？一起来探究世界机场之最，看看那些最特别的机场。

　　沙特阿拉伯的法赫德国王国际机场（King Fahd Airport，Saudi Arabian），位于沙特阿拉伯王国第三大城市达曼，占据了沙特阿拉伯沙漠大约780平方公里，是世界上最大的机场，仅机场的清真寺就可以容纳2000名朝拜者。

　　2015年10月21日，从北京新机场意见征求会传出消息，北京新机场已经从多个方案中最终确定了英国女建筑师扎哈·哈迪德的"海星"设计方案。新机场预计2019年投入使用，届时将成为世界上最大的机场。

除了最大的机场，你还知道哪些机场领域的世界之最？比如，最拥挤的机场、海拔最高的机场、海拔最低的机场、最危险的机场、跑道最短的机场等。

　　选定自己最感兴趣的一个机场，利用计算机搜索相关资料，汇总搜索到的信息。

进步之星

在下面的进步之星评比表中，每一项的分值为10分，请根据自己的行为表现打分吧！

指标	分值	自评	小组成员评分	师评得分
在课堂上认真听讲	10			
积极参与分工合作	10			
愿意进行表达交流	10			
认真全面查阅资料	10			
作业或任务表现好	10			
评价结果	□优秀　　□良好 □合格　　□相信下次做得更好			
我的收获及设想				
我感到好奇的新问题				

第三单元 机场助手

　　飞机需要在很多机场助手——专用车辆的帮助下才能正常运行。机场上的专用车类型众多，除了旅客登机车、行李传送车及废物回收车外，还有飞机电源车、气源车、飞机加油车、机场除雪车、除冰车等，各种车型各司其职，一起服务于庞大的航空运输系统。

01 机场助手小队

大家乘坐飞机的时候，总会看到这样的场景：飞机起飞前或降落后，被许多样子奇特的车辆"簇（cù）拥（yōng）"着，显得非常热闹与繁忙。

一、旅客登机车

  去过机场的同学，对下图中的车辆似曾相识，它就是帮助人们上下飞机的旅客登机车。

  手推式登机车：可以直接手推，将客梯运到指定位置并完成对接。

  这种手推式登机车可以协助坐轮椅的人上下飞机。

另一种登机车的扶梯和车身是一体的，车身在扶梯下方，车辆开到指定位置后将扶梯升起到指定高度，使乘客能够安全地进出机舱。

二、行李传送车

行李是怎么进入飞机的？行李从托运到再次回到你的手中又经历了怎样的过程？

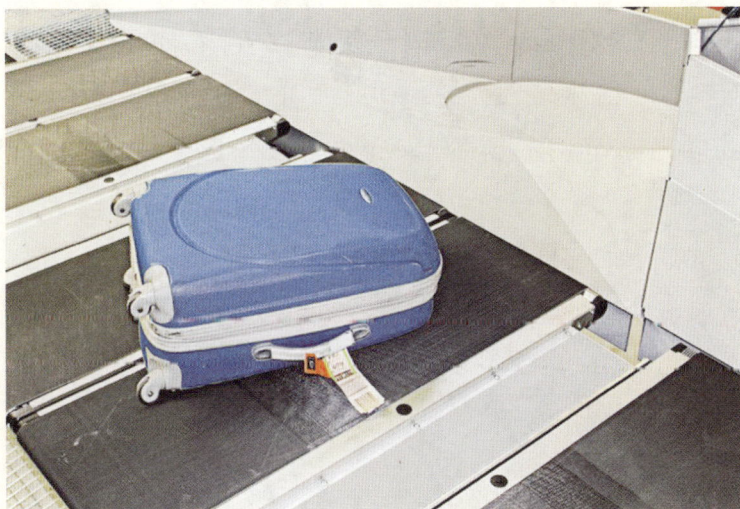

行李是通过行李传送车上下飞机的。行李传送车是用于飞机装(zhuāng)卸(xiè)行李、包(bāo)裹(guǒ)及邮件等货物的专用设备。

行李传送车

行李传送车的背部装有一个传送带，当开启电源后，可以利用它背部的传送带传输行李。行李传送车的底盘、前后起升机构、输送带架的强度都一定要满足载荷要求。

根据所学知识，总结行李传送车工作时的特点！

行李传送车工作特点

三、废物回收车

在飞机上吃东西、洗手、上厕所，这些行为都会产生大量的垃圾。飞机上的垃圾、脏水最后去哪里了呢？

飞机上有两套废水回收系统。第一套是处理洗手间内洗手产生的废水以及登机口等地方收集的雨水。这类废水可以在高空中通过机身的排水口直接排放。

第二套是处理马桶内的排泄物，这类垃圾先储存在飞机腹部的存储箱内，通过添加具有除臭和分解作用的蓝色化学物质进行处理。到地面后利用废物回收车进行处理。

废物回收车通过管道与飞机污水口相连，将污水吸入车中污水箱中，与其对应的清水车，将清洁的水注入飞机储水箱中。

神秘的蓝冰

2003年11月12日下午4时左右，蓝色坠冰降落在北京市顺义区龙王头村张宝萍家，将其车库双层石棉瓦屋顶砸（zá）破（pò），留下面积约为长30厘米、宽40厘米的大洞。下午5时左右，张女士回家后，共收集了6块大小不等的冰块，冰块是天蓝色的，且带有明显的香味。由于张女士家周围没有较高建筑，排除了人为作用，说明这些蓝冰确为从天而降之物，而当日天气晴朗，也排除了气象成因的可能性。

北京天文馆的专家闻讯后赶到现场考察，并委托北京市理化分析测试中心进行蓝冰成分的检测。结果表明，蓝冰为厕所清洁剂和污水的混合体。

专家认定，这块蓝冰为飞机"排泄物"，人们看到的蓝冰之所以芳香且有颜色，是由于水中使用了清洁剂的缘故。飞机上的马桶并没有"上下水"，所有清洁用水和排泄物全部储存在飞机里，待着陆后再清出。专家猜测，可能是因为飞机排污管道不严造成渗漏，厕所清洁剂和污水在机体外遇冷空气冻结成冰。飞机遇到气流颠（diān）簸（bō）或蓝冰过重使其坠（zhuì）落（luò）。

四、思维大爆炸

"神秘的蓝冰"对人们的生活造成了哪些影响？查一查，写一写！

机场的有效运转，需要各方面的相互配合。在机场内部，还有维护飞机安全的专用车辆，我们一起来探索吧！

一、飞机除冰车

每架飞机在起飞前，都要进行一项非常重要的工作——除冰。如果除冰不彻底，很容易带来非常严重的后果，甚至引发空难。

然而，飞机又以其体积的庞大性和结构的复杂性决定了除冰的艰难程度，所以除冰需要一些机械装置来完成，飞机除冰车便应运而生了。

　　飞机除冰车主要由底盘、车厢、液(yè)罐(guàn)、举升装置、电控系统、动力系统、通信系统等部分组成。其主要功能是清除飞机机身、机翼表面上的结霜、积雪和结冰。

　　除冰液的喷洒并不是随意进行的，飞机上有很多部位不能喷洒除冰液，都需要操作人员小心翼翼地绕过。不能喷洒除冰液的部位主要有驾驶舱风挡和客舱窗户、发动机、起落架和刹车等部件。

根据所学知识，请总结除冰车工作时的注意事项吧！

注意事项

二、小小情景剧

　　机场专用车辆中，常常用到的是旅客登机车、行李传送车、废物回收车、飞机除冰车。通常情况下，它们的使用顺序应该为：飞机驶入指定位置——登机车到达舱门处——旅客检票后登机，同时行李传送车将行李传送到飞机上——舱门关闭——飞机设置为除冰状态——除冰车开始工作——除冰完成后飞机起飞——飞机安全降落——废物回收车开始工作。

飞机驶入指定位置 → 登机车到达舱门处 → 旅客检票后登机

↓

飞机设置为除冰状态 ← 舱门关闭 ← 行李传送车工作

↓

除冰车开始工作 → 除冰完成后飞机起飞、降落 → 废物回收车开始工作

请你邀请小伙伴一起进行角色扮演，表演时要说明你扮演的专用车辆的名称、使用场合及基本的功能。

　　要求：设计故事情节及对话。

有一种车可以拉得动飞机，你相信吗？

飞机的起落架上有轮子，需要将飞机的发动机打开才能伴随着飞机前进而转动，但发动机会产生废气、消耗燃油。而且飞机在地面上只能向前行驶，不能后退，但停机坪与跑道之间的路线往往比较复杂，因此只有在牵引车的帮助下，飞机才能到达相应的位置。

一、有杆牵引车

传统的有杆牵引车，它的牵引杆要比车身重要得多，将牵引杆架在飞机的前起落架上，然后带动飞机移动。

二、无杆牵引车

　　无杆牵引车可以牵引的重量更大，速度更快，而且免去了牵引杆摘挂的工作，只需驾驶员一人便可完成全部工作了，方便快捷，调度飞机也更加灵活准确。

　　无杆牵引车已成功研制出两种，一种安装有驱动装置，使飞机的前轮转动起来而带动飞机前进；另一种直接将飞机前轮架起，使其离开地面，从而将飞机的一部分重量分散到牵引车上，带动飞机移动。

三、设计小能手

　　小小的车竟有如此神奇的力量。寻找身边的材料，邀请小伙伴一起制作一辆飞机牵引车吧！

写出你的计划。

飞机牵引车制作方案		
设计草图		
所需材料	材料名称	用途
分工合作	姓名	任务

四、制作小能手

给你的飞机牵引车起一个名字，将它介绍给爸爸妈妈或你的好朋友。

将你想介绍的内容写在方框中。

★ 我的牵引车的名字是

★ 我的牵引车的特点是

★ 我的设计思路是

……

进步之星

在下面的进步之星评比表中，每一项的分值为10分，请根据自己的行为表现打分吧！

指标	分值	自评	小组成员评分	师评得分
在课堂上认真听讲	10			
积极参与分工合作	10			
愿意进行表达交流	10			
认真全面查阅资料	10			
作业或任务表现好	10			
评价结果	□优秀　□良好 □合格　□相信下次做得更好			
我的收获及设想				
我感到好奇的新问题				

下 篇

第一单元 飞机的航向

　　在地面上，人们总能根据各式各样的地标和错落有致的建筑物准确辨识方向。然而，在广袤的高空中，一望无垠，没有任何标志物作为参考，飞机在天空中是怎样确定飞行方向的？

　　不少人都会遇到如下情况：站在一条陌生的街道上，完全找不着东南西北；在地下停车场里，更是一团迷糊、辨不清方向，这些都是没有方向感造成的。方向感就是辨别方向的能力，也是个体对物体所处方向的感觉，如对东西南北、前后左右上下等方向的感觉。

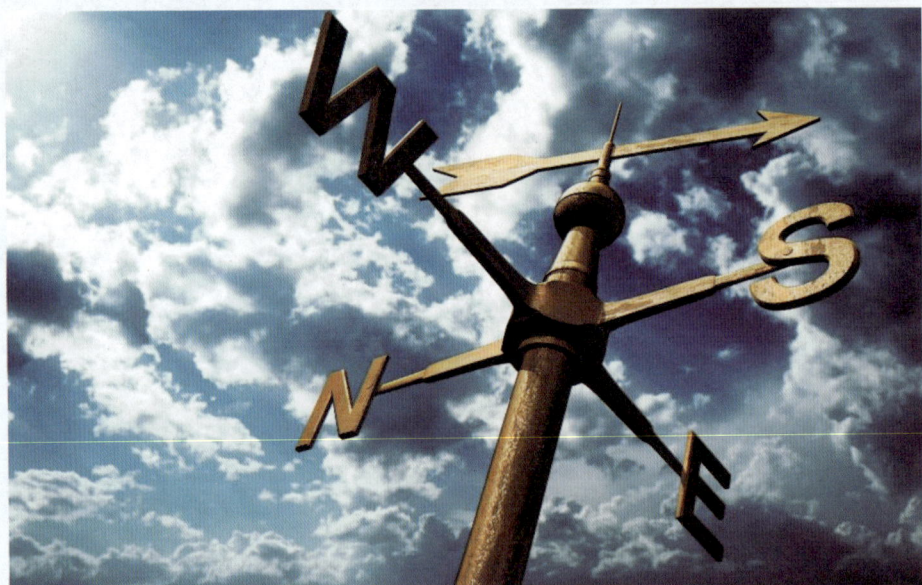

一、人类的方向参照

大自然中大量的事物能为我们指明方向，人类可以根据自然现象辨识方向。以下是大自然中的"天然指南针"：

（一）太阳

生活在北半球，除回归线以南地区，太阳光线总是从南面射过来。这样，南北方向便很容易确定。太阳是东升西落，早晨太阳升起的方向是东，傍晚落山时的方向是西，中午时太阳在我们的南方。

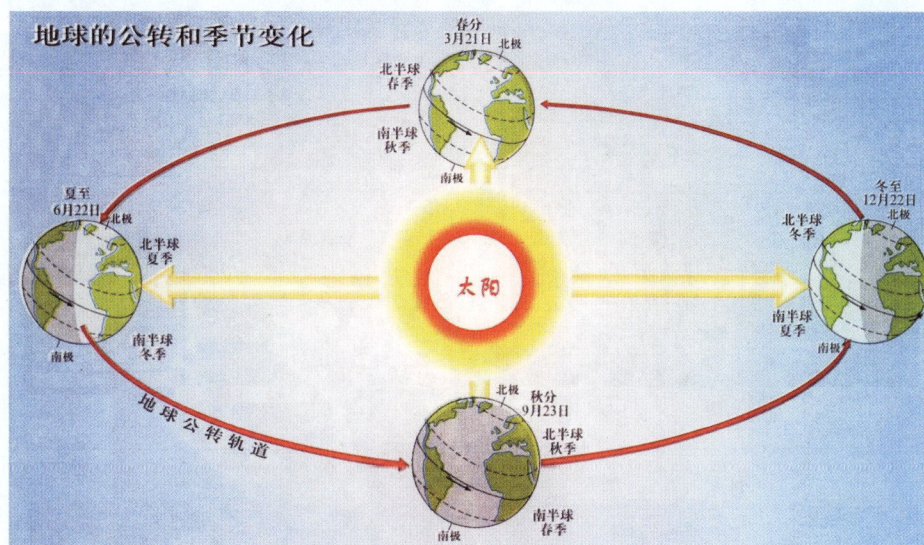

地球的公转和季节变化

查阅资料，写一写北回归线穿越中国的哪些省份。

小知识

地球上看不见的线

从0°经线算起，向东、向西各分作180°，以东的180°属于东经，习惯上用"E"作代号，以西的180°属于西经，习惯上用"W"作代号。

纬度是指某点与地球球心的连线和地球赤道面所成的线面角，其数值在0°～90°之间。位于赤道以北的点的纬度叫北纬，记为"N"；位于赤道以南的点的纬度叫南纬，记为"S"。

北回归线（Tropic of Cancer），是太阳的光线在北半球能够直射到的离赤道最远的位置，是一条纬线。北回归线的英文名起源于两千多年前，夏至日太阳直射到此处时，是处在黄道十二宫的巨蟹座位置，从此回归原处，故应称"回归线"而非"北回归线"。由于星体运动，而移动到了双子座的位置。

（二）北极星

北极星是最好的指南针，北极星所在的方向是正北方，与此相对的方向是正南方。

可是怎么找到北极星呢？其实只要找到北斗七星就容易了，北斗七星像一柄水勺，在将勺子最外端的两颗星星的连线延长五倍远的地方，有一颗比较亮的星，那就是北极星了。

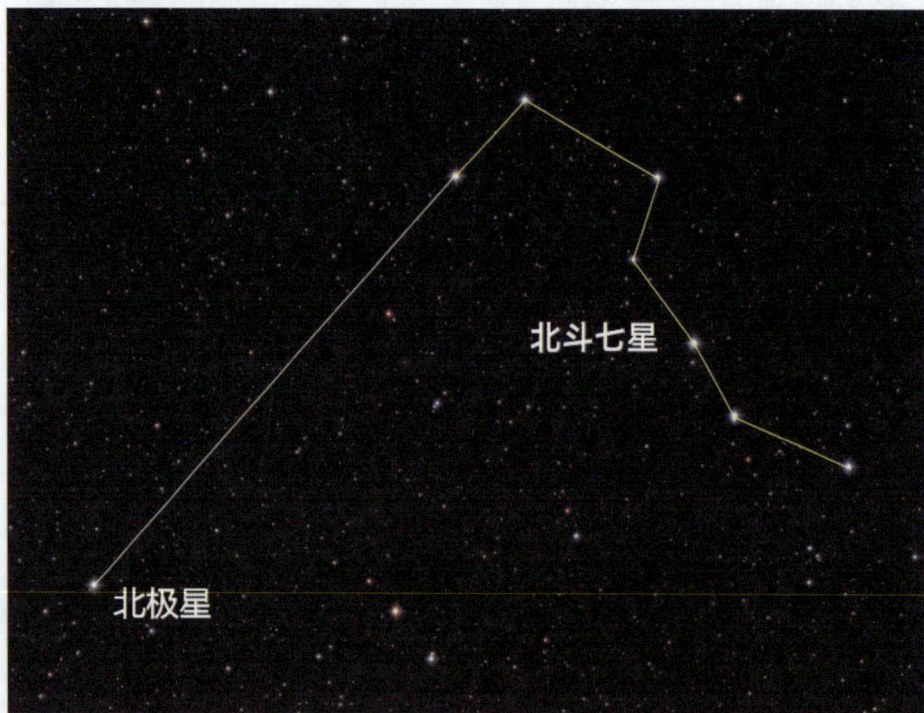

（三）树木与青苔

我国大部分地区，阳光从南面射过来，树木的南面得到太阳的热量比北面的多些，因此独立生长的树木向南的树枝生长的繁茂一些、粗壮一些，而向北的树枝却稀疏、细弱些。

从年轮也可以判别方向，年轮宽的朝南，密的朝北。因为南面生长比北面快，年轮圈与圈的间隔也宽些。

在岩石众多的地方，也可以找一块醒目的岩石来观察，岩石上布满青苔的一面是北侧，干燥光秃的一面为南侧。

辨别方向的方法多种多样，除了以上列举的方法，还可以通过小草生长得是否茂盛、融雪速度快慢等方法判断方向。你还能找到哪些辨别方向的方法？

二、动物的方向感

人类依靠环境来辨识方向，最终形成了方向感，动物也有方向感，有许多动物的方向感比人类还要强。蜜蜂以太阳为标志跳"8"字舞，帮助同伴指明香甜花蜜的所在。

在一天中，蜜蜂舞蹈的方向是随着时间不同而变化的。蜜蜂依靠蜂房、采蜜地点和太阳三个点来定位。确定两条飞行线路：一条是从蜂房到太阳，另一条是从蜂房到采蜜地点的直线，蜜蜂向左先飞半个小圈，又倒转过来向右再飞半个小圈，飞行路线就像个"8"字。

不过，如果碰上坏天气，阴云密布，没有太阳，也看不见空中的极化光，蜜蜂就失去了辨别方向的能力。

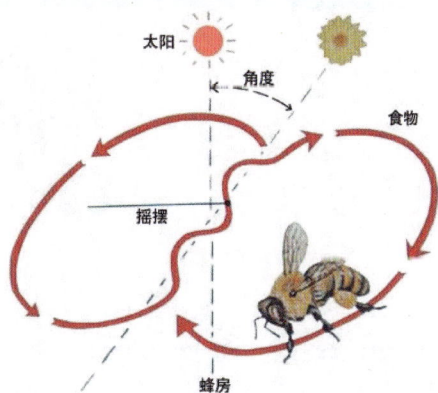

太阳　角度　食物　摇摆　蜂房

三、小小制图师

简要绘制学校的地图，并标注你所在的教学楼在学校地图中的位置，并说明教学楼的方位。

↑

北 N

指南针是一种指示方位的简单仪器，它主要由一根能灵活转动的磁针和一个标有方位的刻度盘构成。磁针在地磁的作用下，能保持在磁子午线平面内，利用这一性能，可以辨别方向。

一、指南针的历史

我国的四大发明分别是：造纸术、火药、活字印刷术和指南针。造纸术的发明掀起一场人类文字载体革命；火药的发明改变了作战方式；印刷术的发明改变了欧洲只有上等人才能读书的状况；指南针的发明为欧洲航海家进行环球航行和发现美洲提供了重要条件。

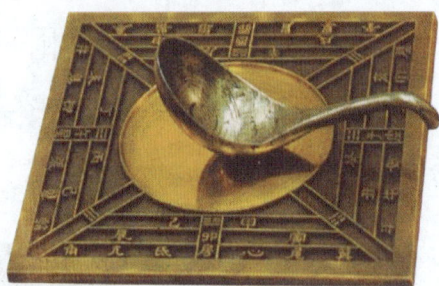

指南针是一种指示方向的工具，航海、航空、勘察、探险等都离不开它。在古代，人们称它为"航海的眼睛"。

（一）指南针的结构

指南针的基本构造非常简单，主要包括磁针、方向指示盘和支架三部分。

磁针：确定N、S极

方向指示盘：指引确定其他具体方向

支架：支撑磁针，让它保持水平状

指南针是根据磁铁能指示南北的性质制成的。在使用指南针测定方向时，首先要把指南针放平，等指针停止摆动时，就能指出南、北方向。

（二）指南针的原理

　　地球是一个巨大的磁体，它也像磁铁一样有南极和北极。地球磁场的南北极，分别在地球的两端，但和我们地理上的南北极恰好相反。地理的南极，恰好是地球磁场的北极。

　　指南针中装有磁针，根据异极相互吸引的原理，磁针的南极便会和地球磁场的北极相互吸引。这样，当磁针静置时，它便会指向地磁的北极，也就是地理上的南极。

二、思维大爆炸

指南针为我们辨别方向起到了重要的作用，如果自己制作指南针，你会怎么做？写下你的想法并进行尝试。（制作磁针的方法：用磁铁的磁极在钢针上沿着一个方向摩擦；重复20-30次。）

探究名称：制作指南针的方法	
使缝衣针带有磁性的方法	
使磁针可以自由转动的方法	
需要准备的材料	
探究结果	可行的方法： 不可行的方法：

最初，人类的梦想是像鸟儿那样自由地在空中飞行。后来，经过反复实践发明了飞机。飞机从空中掠过，偶尔会撒下一条长长的"白线"，瞬间就会消失不见。那飞行员在空中如何掌握正确的方向飞往目的地呢？

（一）目视导航

在航空业发展的早期阶段，还没有先进的导航系统，主要是靠飞行员目视导航。飞行员依靠地面标志和地图来认路，因此以前的飞机不能飞得太高，飞行员必须用双眼盯住地面，搜索目标物。

随着航空业的发展，出现了航空地图，飞行员开始利用航空地图来认路。航空地图与普通地图不一样，其中的重要区别在于，在航空地图上，标出了许多在空中容易辨别的地面标志物。这种早期的导航方法叫做目视导航。

（二）推测导航

　　随着科技的进步，飞机飞得越来越快、越来越高，目视导航已经不能完全满足飞行的需要了。于是，飞行员手头除了航空地图外，又添加了时钟和计算器两种工具。

　　根据时钟知道飞行的时间，将时间输入到计算器中，计算器便会算出已经飞行了多远，再根据地图上的标注，飞行员就可以知道快到哪一个标志物了，飞行员向下看寻找这个标志物，就可以确认飞机是否在预定的航线上飞行，并及时做出调整。这种方法叫做推测导航。

（三）磁罗盘导航

空中导航从海上导航使用的磁罗盘中受到了启发，指南针其实就是磁罗盘的雏形。飞机上的铁制零件和磁场会影响磁罗盘发生指向偏差，这个偏差叫做罗差。

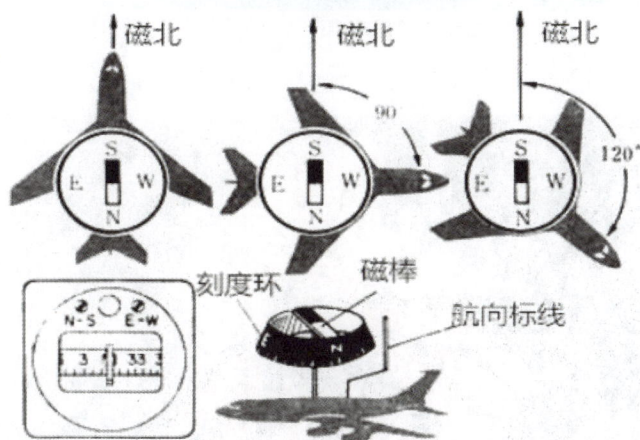

飞机在出厂前由制造厂家测出罗差，驾驶员在飞机上使用磁罗盘时得到的读数要加上罗差才能得到磁方向，再加上磁差就得到真方向。

自然界中利用磁感知方向的动物 —— 金斑蝶

动物界中有许多不需要任何辅助工具就可以利用地球磁场辨别方向的小能手。一起来认识其中最漂亮的一位 —— 金斑蝶。

金斑蝶是一种迁徙的蝴蝶，它们每年进行一次特定线路的旅行，次年再飞回来。

美国的生物学家指出，这种蝴蝶的触角包含着光敏磁场探测器，使其能够探测到磁场。北美洲黑脉金斑蝶使用太阳和地球磁场作为导航工具，完成数千公里的远途迁移。

　　信鸽辨别方向的能力特别强，即使将北京的信鸽带到新疆放飞，它仍然会飞回北京。路途中就是碰到狂风暴雨，它也不会迷失方向。

　　科学家对信鸽进行研究，做了一个有趣的对比实验：把磁棒和铜棒分别绑在一些鸽子身上，然后运到很远的地方放飞，选择在阴天。结果绑着铜棒的鸽子，飞行方向正确，都能安全返回主人家。而那些绑着磁棒的鸽子却失去了方向。这个实验说明鸽子能利用地磁场导向，而绑了磁棒的鸽子识别地磁场的本领受到磁棒的干扰，自然也就迷失了方向。

有人认为候鸟实现迁徙，是因为体内有"雷达"，它能够根据自己的电磁场同地磁场的相互作用来正确定向。为了证明这一点，参考上文中信鸽的对比实验，写一写科学家是怎样设计对比实验的。

成员	
课题	
提出问题	
实验设计方案	
材料用具	
方法步骤	
预期结果	

进步之星

在下面的进步评比表中，每一项的分值为10分，请根据自己的行为表现打分吧！

指标	分值	自评	小组成员评分	师评得分
在课堂上认真听讲	10			
积极参与分工合作	10			
愿意进行表达交流	10			
认真全面查阅资料	10			
作业或任务表现好	10			
评价结果	☐ 优秀　　☐ 良好 ☐ 合格　　☐ 相信下次做得更好			
我的收获及设想				
我感到好奇的新问题				

第二单元　飞机的平衡

当一队色彩鲜艳的飞机呼啸而过，彩色的烟带在碧空中勾画出一幅幅美丽的画卷时，人们会由衷地惊叹于这精彩绝伦的表演。这是飞机正在进行特技飞行表演！飞机能够在空中翻转，做出许多高难度的动作，得益于飞机的陀螺仪，它使得飞机能够保持平衡，能够在空中找到自己的位置。

01 特技飞行

　　特技飞行有别于正常飞行状态，需按照一定的规则要求，依据飞机三轴关系（纵轴/滚转、横轴/俯仰、立轴/偏航），并在人和飞机可承受的过载范围内做出各种复杂惊险的动作。这对飞机和飞行员都是极大的挑战！

一、特技飞行的起源

特技飞行的最初起源很偶然。在实际的战争中，有些飞行员技术高超，无意中飞出了特别的动作，而且在生命受到威胁时，急中生智发明了许多惊险的动作，这就成为最初的特技飞行。

比如1913年，有一个俄国飞行员叫尼斯欠诺夫，有一次飞行时，他的飞机无意中翻转了过去。后来，这个动作就被人称作"尼斯欠诺夫"翻滚。

二、特技飞行的特点

特技飞行最突出的特点是在不同的特技动作中，飞机飞行状态、高度、速度、方向和过载等参数急剧变化。飞行员必须随时判明飞行状态，了解运动参数的变化，及时准确地操纵飞机按预定轨迹运动，防止飞机失速。

特技飞行中飞行员常因过载大、头部供血不足而引起周边视觉消失、视野缩小，两眼发黑，这种现象称为黑视。为了增强抗荷能力和推迟黑视的产生，特技飞行时飞行员都穿抗荷服。

在特技飞行时飞行员精力高度集中，体力消耗大，因而容易疲劳。在起飞阶段飞行员需集中注意力、频繁完成飞机操纵。

根据所学知识和自己了解的信息，总结特技飞行员需要具备哪些素质？

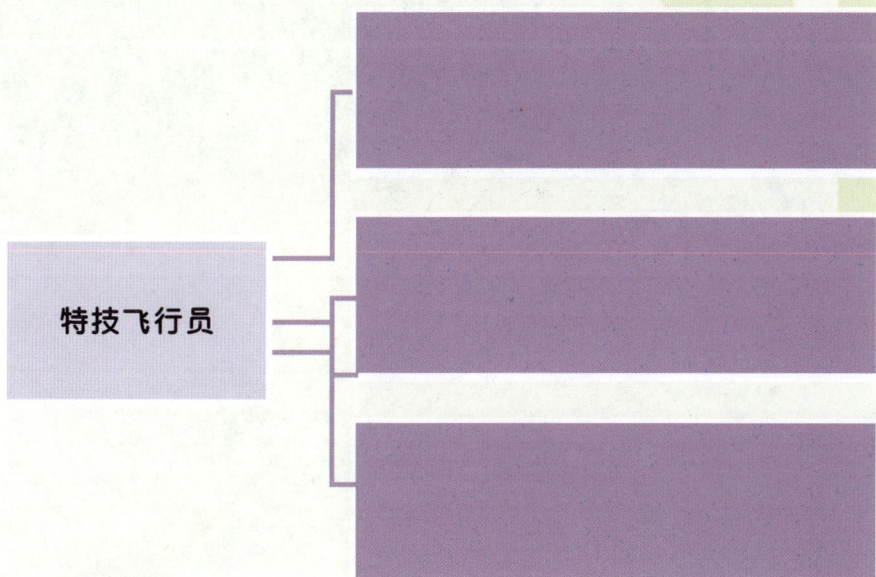

特技飞行员

三、特技飞行的分类

飞行表演中广泛应用特技动作，并且不断创新。

常见的特技有盘旋、俯冲、跃升、战斗转弯、下滑倒转、筋斗翻转、斜筋斗翻转、半筋斗翻转、水平8字、上下横8字、跃升盘旋、跃升倒转、横滚等。

（一）钟形动作

钟形动作是当战机在垂直爬高的顶点，垂直速度为零后，通过调整机体姿态，使战机以尾喷口为旋转轴心，在水平方向上进行快速的机头转向。从地面看去，这时机头转向时犹如钟表的指针一般，围绕机尾旋转。

（二）桶滚

桶滚这个名字是从战机行进路线而来的，桶滚不仅是飞行特技，也是一种攻守兼备的机动动作。飞机匀速飞行并利用旋转和速度，以画螺旋的方式前进。这样既能保持飞行方向，又能逃脱导弹的追踪。

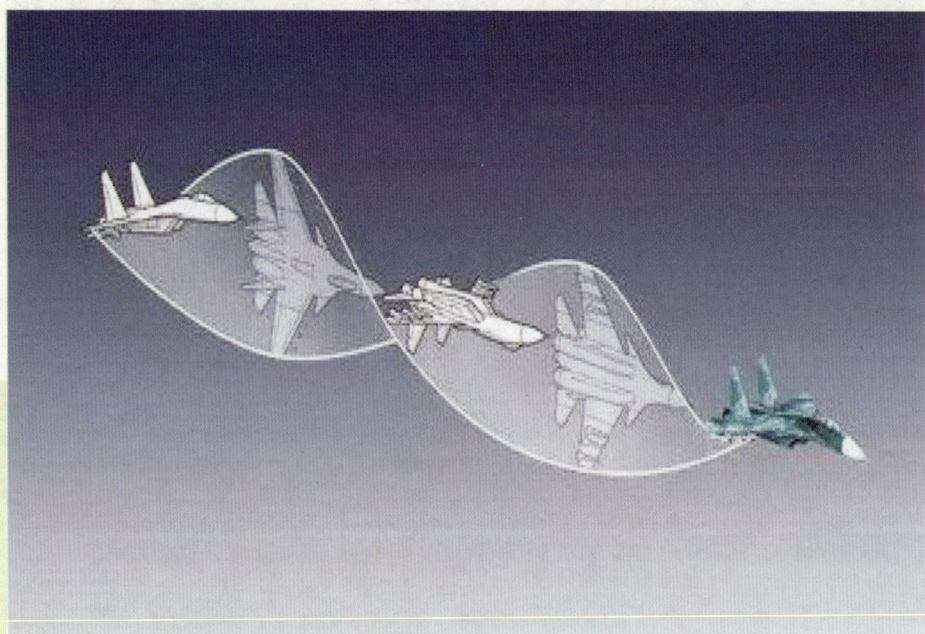

（三）殷麦曼转弯

殷麦曼转弯是以一战德国王牌飞行员殷麦曼的名字命名的一个特技飞行动作，也有人把它称作战斗转弯或上升半滚倒转。飞机起始是先按照平飞进入正筋斗来做的，不过实际上仅完成了半个筋斗，在筋斗的顶点，飞机突然做了个半滚，由倒飞姿态重新转入正飞，平飞退出。

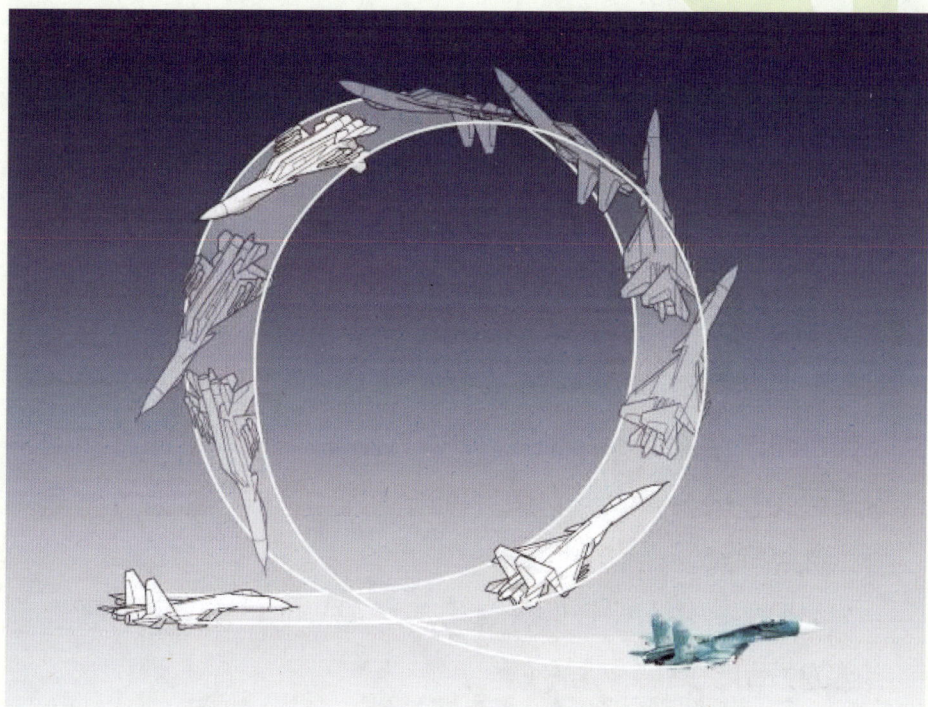

小知识

Scratch简易编程工具

Scratch是一款由美国麻省理工学院（MIT）设计开发的面向少年的简易编程工具，又称为积件式儿童编程软件。它是一款开源免费的编程软件，这个编程软件不同于VB、VC、JAVA等以编写代码为主、图形界面为辅的编程软件，而是针对8岁以上学生的认知水平，以及对图形动画界面的喜好，用类似于积木形状的模块实现构成程序的命令和参数。

Scratch有以下优点：

1.入门简单，适合中小学学生初次学习编程语言时使用。

2.内容丰富，针对有兴趣、喜爱绘画的学生，提供角色绘制设计功能，为喜欢动画的学生提供情景设计功能，为喜欢游戏的学生提供简单游戏设计功能，甚至还能为喜欢音乐的学生提供音频处理的功能。

3.通过使用Scratch，让学生在动画、游戏设计过程中逐渐形成逻辑分析、独立思考创新的思维方式，学会提出问题，解决问题。

4.相比其他编程软件，其更加直观，能比较容易地看到自己的劳动成果。

四、思维大爆炸

飞机的特技动作种类繁多，且不断创新。

任务1：查阅资料，画一画你感兴趣的特技飞行动作。

任务2：为该特技动作写一份简介，制作成PPT，进行展示和报告。

任务3：利用所学的Scratch知识编写一段特技飞行的动画。

任务4：记录完成任务过程中的感受及问题。

飞机的特技飞行动作虽然特点各不相同，但有一个共同点，就是要通过旋转或翻转，来改变飞机的飞行姿态。飞行员在空中做翻转动作，会有晕眩的感觉；飞行员要克服晕眩，完成特技飞行，同时安全着陆，简直是太厉害了！

一、乐行益智

通过一个小游戏，测一测大家的抗晕能力。

活动规则：

（1）每位同学在指定位置站好；

（2）第一位同学转15圈，跳绳30下后，跑到第二位同学处与其击掌；

（3）第二位同学转15圈，开始颠球（用脚颠足球），连续颠5个（中间球不能落地，落地后则重新计数）后，将球传给第三位同学；

（4）第三位同学接到球后，转15圈，然后射门，射门成功后跑到第四位同学处击掌；

（5）第四位同学击掌后转15圈，然后投篮（篮球），投进3次后，跑到第五位和第六位同学处击掌；

（6）击掌后第五位同学和第六位同学互相传递排球，连续传5个球则算成功。计时结束，用时最少组获胜。

请记录本小组的活动用时，并写下你的活动感受。

二、思维大爆炸

飞机进行特技表演时，在空中旋转、翻滚，为什么还能飞得很平稳、不会坠落？

搜集相关的资料，试着去解开飞机旋转时能保持平稳飞行的奥秘。

神奇的陀螺仪

飞机做高难度动作的同时还能平稳飞行，一方面是飞行员的技术超群，能够及时操作调整飞机姿态，另一方面也与飞机中的精密仪器息息相关，其中陀螺仪就发挥着非常重要的作用。

陀螺仪

一、陀螺仪的原理

陀螺旋进是日常生活中常见的现象，人们利用陀螺的力学性质所制成的各种功能的陀螺装置称为陀螺仪。

陀螺仪的原理：一个旋转物体的旋转轴所指的方向在不受外力影响时，是不会改变的。骑自行车其实也是利用了这个原理，轮子转得越快越不容易倒，因为车轴有一股保持水平的力量。

二、陀螺仪的特点

人们从儿童玩的地陀螺中早就发现高速旋转的陀螺可以竖直不倒而保持与地面垂直，这就反映了陀螺的稳定性。

陀螺仪有三个可以转动的圆环，从内至外分别为一环、二环、三环。三个环都与飞机相连接，跟随飞机转动。

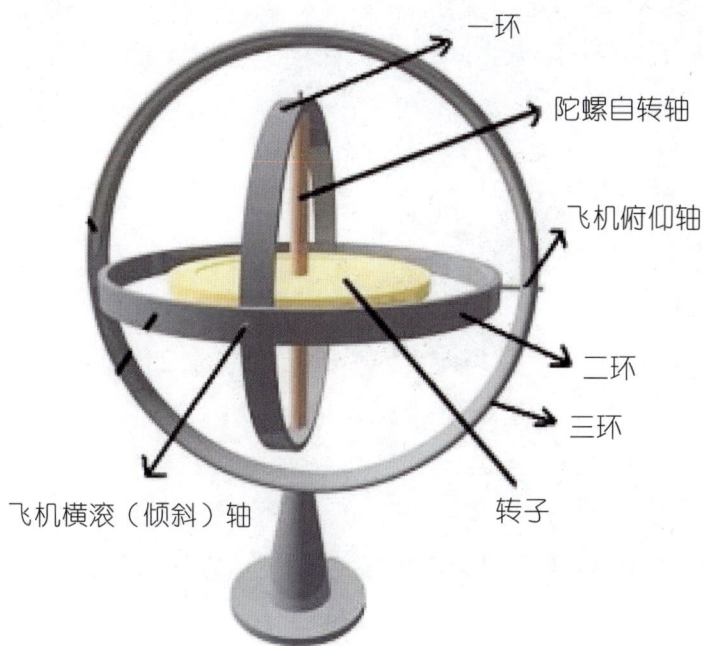

三轴陀螺仪

在天空中和地面不同，一望无际的天空中很难找到判断自己姿态是否有变化的参照物，这时，我们的陀螺仪就发挥着重要的作用。例如，陀螺仪将数据传输给显示屏后，飞行员发现自己的飞机姿态向左倾斜了45°、机头向上偏了15°，那么这时飞行员便会及时进行操作，使飞机回到正确的、平稳飞行的姿态。

三、陀螺仪的用途

陀螺仪作为稳定器，能使列车在单轨上行驶，能减小船舶在风浪中的摇摆，能使安装在飞机或卫星上的照相机相对稳定；作为精密测试仪器，能够为地面设施、矿山隧道、地下铁路、石油钻探以及导弹发射井等提供准确的方位基准。在生活领域，陀螺仪激光导航的运用，能够帮助扫地机器人进行清扫。

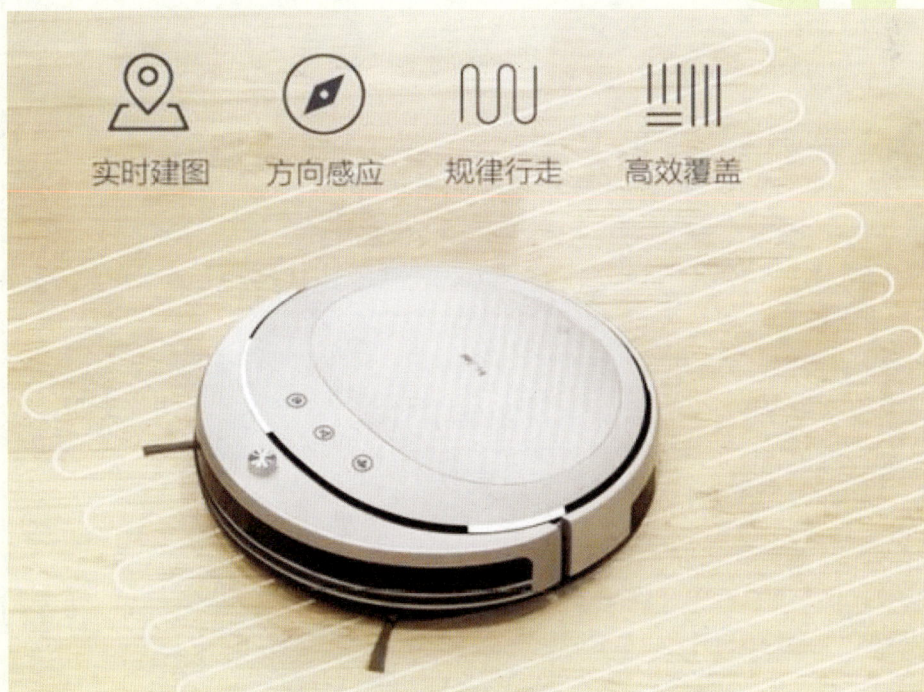

实时建图　　方向感应　　规律行走　　高效覆盖

四、思维大爆炸

陀螺、空竹、溜溜球、转动的自行车车轮等，这些物体在高速旋转时，有什么共同特点？

陀螺仪趣味赛

　　想让陀螺仪稳定工作，就要先让它高速旋转起来。利用陀螺仪套装中的各种工具，想办法让你的陀螺仪中间的小陀螺转起来。

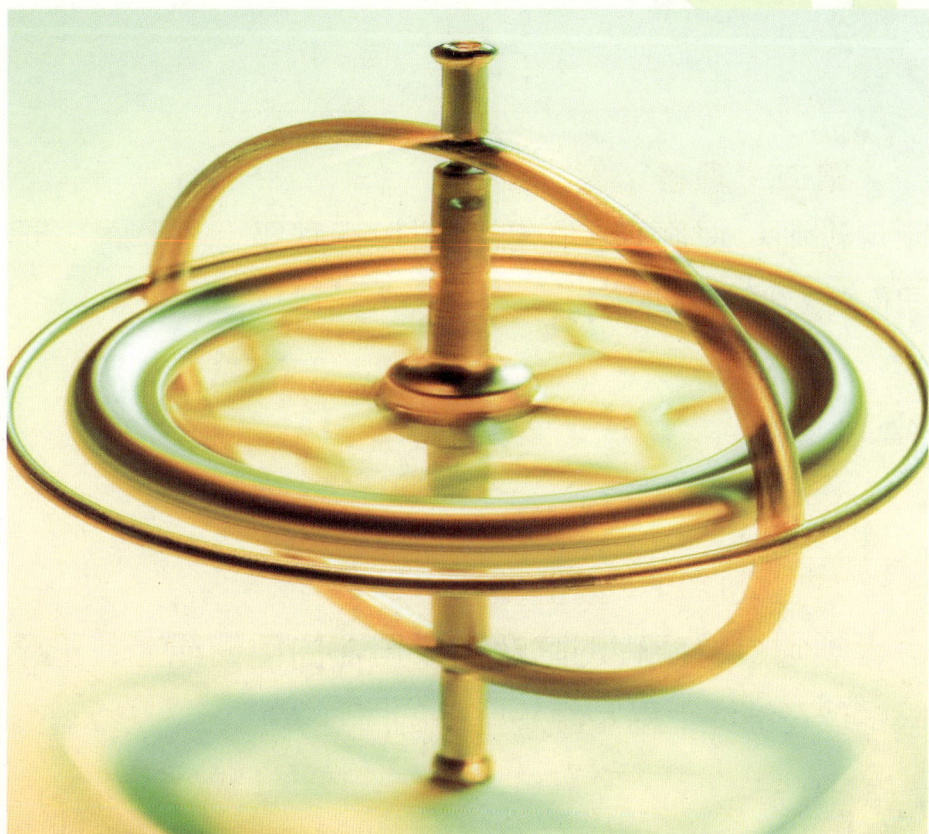

小陀螺转起来后，可以观察到它一直沿着稳定的自转轴进行旋转！完成下面的活动，并记录相应的数据。

第一个项目：直立旋转。

比赛规则：将旋转的陀螺仪竖直放在底座上，记录陀螺仪在底座上旋转的时间。

第二个项目：斜立旋转。

规则：将旋转的陀螺仪斜放在底座上不坠落，记录陀螺仪坚持的时间。

第三个项目：线上旋转。

规则：将旋转的陀螺仪放置在白色细绳上，记录陀螺仪在细绳上稳定旋转坚持的时间。

将活动中的精彩瞬间记录下来。

　　仿生学是一门模仿生物的特殊本领，利用生物的结构和功能原理来研制机械或各种新技术的学科。人类的很多发明创造都来自于大自然中的动物，一起来学一学吧！

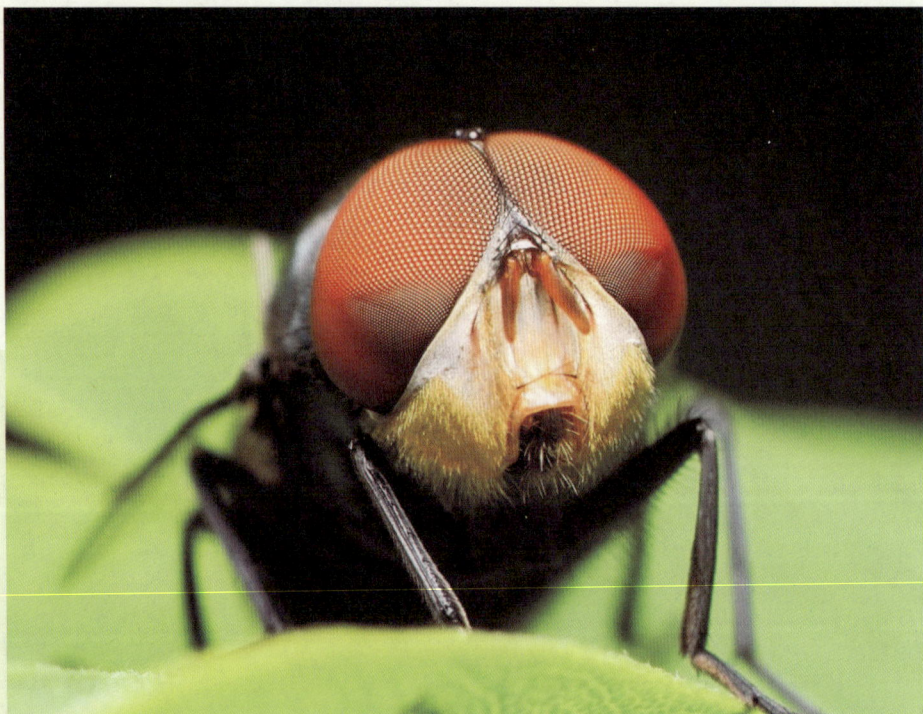

一、天然导航仪

昆虫学家研究发现，苍蝇的后翅退化成一对平衡棒，这是个"天然导航仪"。当它飞行时，平衡棒以一定的频率进行机械振动，可以调节翅膀的运动方向，保持苍蝇身体平衡。科学家据此原理研制成一代新型导航仪 —— 振动陀螺仪。

振动陀螺仪的主要部件像只音叉，是通过一个中柱固定在基座上的。装在音叉两臂四周的电磁铁使音叉产生固定振幅和频率的振动，就像苍蝇振翅的振动那样。

当飞机、舰艇或火箭偏离正确航向时，音叉基座和中柱会发生旋转，中柱上的弹性杆就会将这一振动转变成一定的电信号，传给转向舵，使航向得以纠正。

二、蝇眼照相机

苍蝇的眼睛是一种"复眼"，由3000多只小眼组成，人们模仿它制成了"蝇眼透镜"。苍蝇的复眼包含4000个可独立成像的单眼，能看清几乎360度范围内的物体。在蝇眼的启示下，人们制成了由1329块小透镜组成的一次可拍1329张高分辨率照片的蝇眼照相机，在军事、医学、航空、航天上被广泛应用。

三、气体分析仪

苍蝇的嗅觉特别灵敏，远在几千米外的气味也能嗅到。但是苍蝇并没有"鼻子"，它靠什么来充当嗅觉的呢？

原来，苍蝇的"鼻子"—— 嗅觉感受器分布在头部的一对触角上。每个"鼻子"只有一个"鼻孔"与外界相通，内含上百个嗅觉神经细胞。若有气味进入"鼻孔"，这些神经立即把气味刺激转变成神经电脉冲，送往大脑。大脑根据不同气味的物质所产生的神经电脉冲的不同，就可区别出不同气味的物质。

仿生学家由此得到启发，根据苍蝇嗅觉器官的结构和功能，仿制成一种十分奇特的小型气体分析仪。

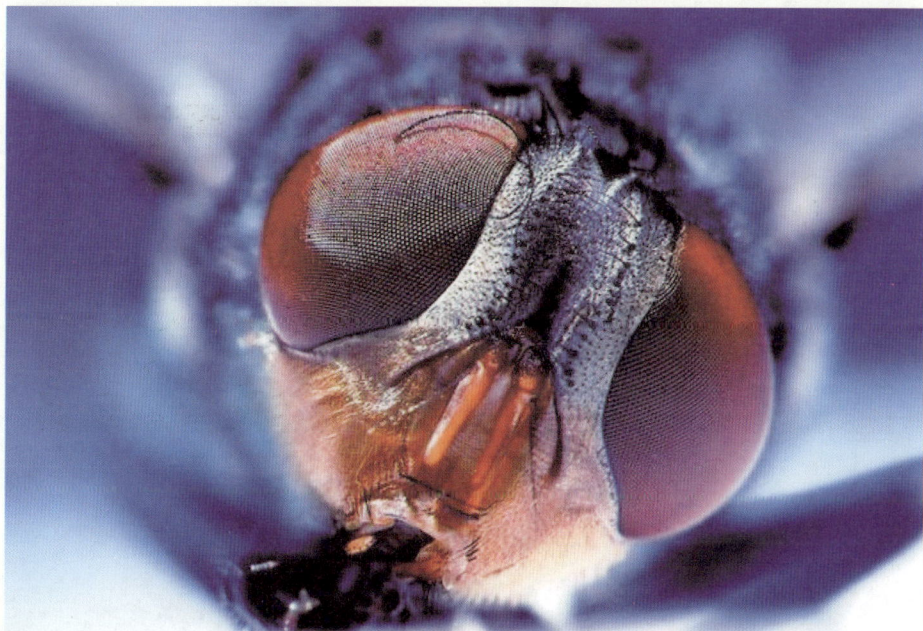

四、电子蛙眼

人们根据蛙眼的视觉原理，已研制成功一种电子蛙眼。这种电子蛙眼能像真的蛙眼那样，准确无误地识别出特定形状的物体。把电子蛙眼装入雷达系统后，雷达抗干扰能力大大提高。这种雷达系统能快速而准确地识别出特定形状的飞机、舰船和导弹等。特别是能够区别真假导弹，防止以假乱真。

电子蛙眼还广泛应用在机场及交通要道上。在机场，它能监视飞机的起飞与降落，若发现飞机将要发生碰撞，能及时发出警报。在交通要道，它能指挥车辆的行驶，防止车辆碰撞事故的发生。

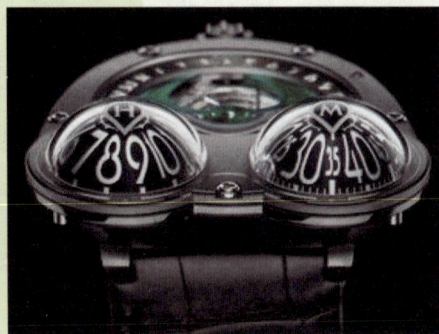

飞机飞行时抖动的减弱是根据蜻蜓的飞行而改善的；科学家依照鲸鱼皮的结构，制作出一层薄膜蒙在飞机的表面，可节约能源3％；防水衣服是仿荷叶造的，鼠标是仿老鼠造的。根据仿生学的原理而产生的科技发明非常丰富，一起动手查阅资料吧！

五、思维大爆炸

查阅资料，找一找与航空事业相关的仿生学科技创新，绘制你感兴趣的动物以及与其相关的仿生学发明。

六、乐行益智

向同学分享你收集的仿生学发明的相关信息，并写下你获得的知识。

进步之星

在下面的进步评比表中，每一项的分值为10分，请根据自己的行为表现打分吧！

指标	分值	自评	小组成员评分	师评得分
在课堂上认真听讲	10			
积极参与分工合作	10			
愿意进行表达交流	10			
认真全面查阅资料	10			
作业或任务表现好	10			
评价结果	☐ 优秀 ☐ 良好 ☐ 合格 ☐ 相信下次做得更好			
我的收获及设想				
我感到好奇的新问题				

第三单元　飞机的定位

　　天空浩瀚广阔，倘若飞机在空中迷失了方向，这时候就需要用到定位系统，准确了解当前的位置。一起来了解定位系统吧！

01 全球定位系统

　　如果我们身处困境的时候，需要让别人知道我们的准确位置。这个时候，我们就可以用到全球定位系统了，搜救人员可通过我们发出求救信号的通讯设备，利用全球定位系统进行定位和救援。

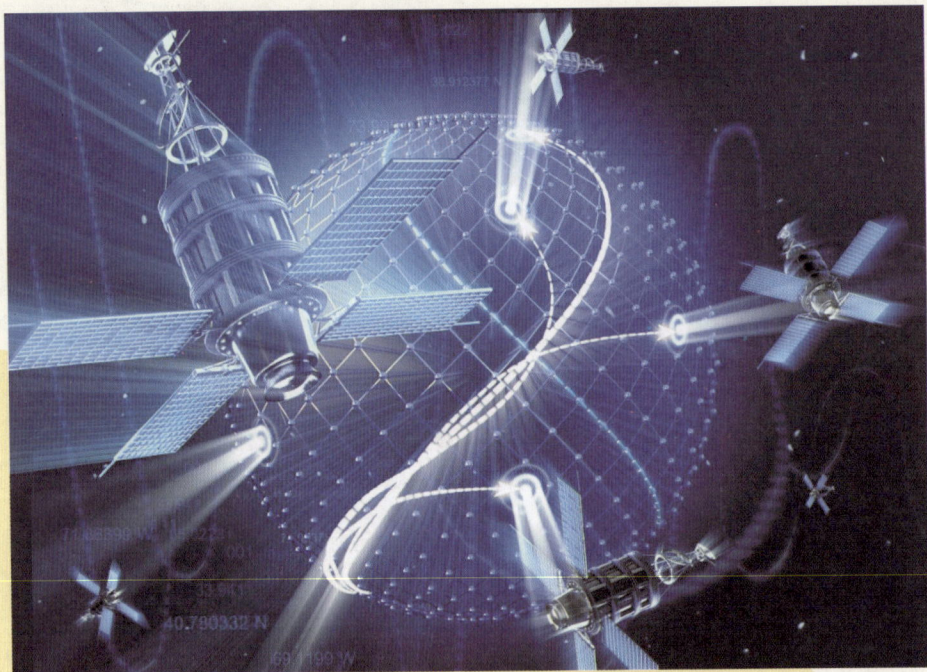

一、GPS的前世今生

全球定位系统（Global Positioning System，通常简称GPS），是美国为军事目的而建立的。美国为军用和民用安排了不同的频段，美国军用GPS精度可达1米，而民用GPS理论精度只有10米左右。

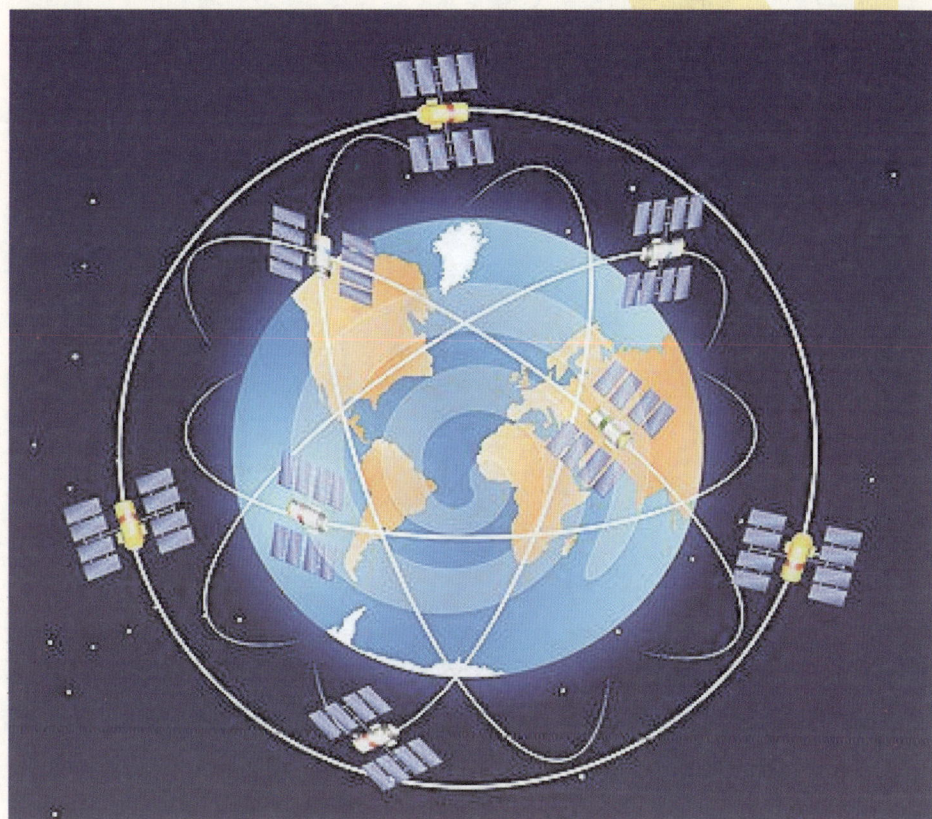

GPS具有以下六大特点：

第一，全天候，不受任何天气的影响；

第二，全球覆盖（高达98％）；

第三，七维定点定速定时高精度；

第四，快速、省时、高效率；

第五，应用广泛、多功能；

第六，可移动定位。

二、GPS的结构

GPS是通过卫星来进行定位的，GPS由三大子系统构成：空间卫星系统、地面监控系统、用户接收系统。

（一）空间卫星系统

GPS的空间卫星系统一共由24颗卫星组成，其中21颗工作卫星和3颗备份卫星。它们可对地面车辆、海上船只、飞机、导弹、卫星和飞船等各种移动用户进行全天候的、实时的、高精度的三维定位测速和精确授时。

空间系统的每颗卫星每12小时沿近圆形轨道绕地球一周，向全球的用户接收系统连续播发GPS导航信号。空间卫星系统保障全球任一时刻、任一地点都可以实现连续、实时的导航和定位。

（二）地面监控系统

地面监控系统就是数据采集中心，接收GPS卫星观测数据、卫星工作状态数据、各监测站和注入站自身的工作状态数据。

地面监控系统的作用一方面是监测和控制卫星上各种设备的工作状况和卫星的轨道运行状况，然后向卫星发送运行参数和轨道参数，确定卫星的位置；另一方面就是监测各颗卫星的时间，保证各颗卫星处于同一时间标准 —— GPS时间系统。

（三）用户接收系统

用户接收系统主要由硬件、软件和GPS数据的后处理软件包三部分组成。它能够跟踪卫星运动，对接收的GPS信号进行变换、放大和处理，适时地算出用户所在的三维位置，甚至三维速度和时间。

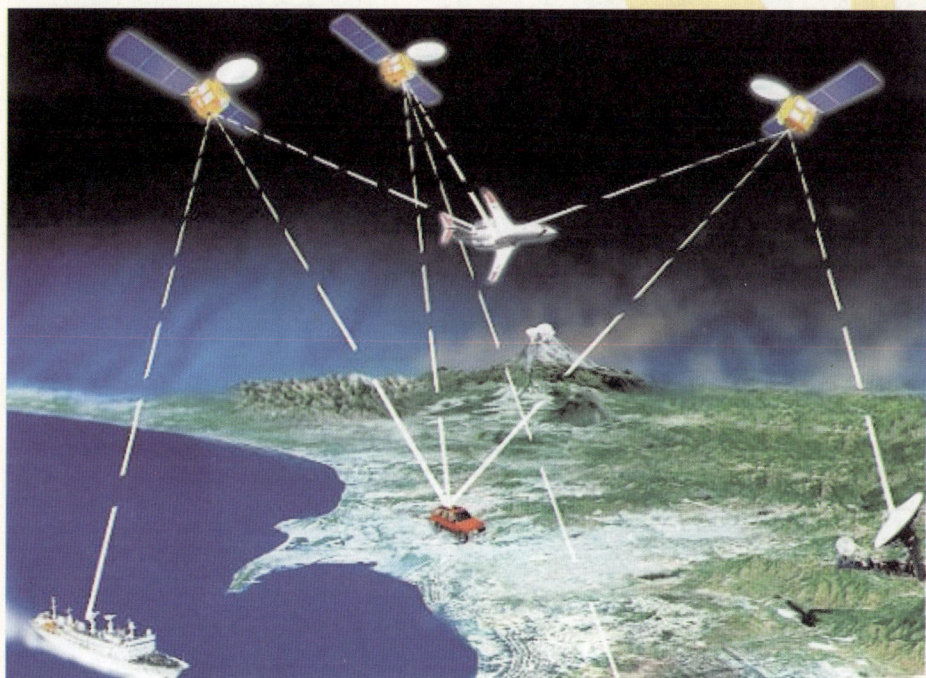

三、GPS的工作原理

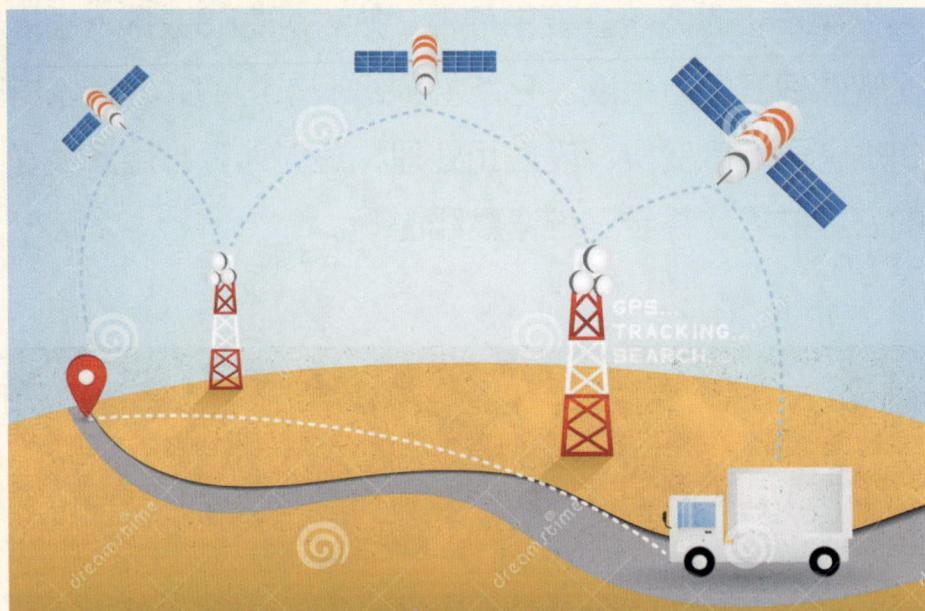

    GPS接收器在仅接收到三颗卫星的有效信号的情况下只能确定二维坐标即经度和纬度，只有当收到四颗或四颗以上的有效GPS卫星信号时，才能完成包含高度的3D定位。这是为什么呢？

    理论上三颗卫星可以完成定位，这就需要随身携带一个极其精确的原子钟，因为卫星发出的时钟信号，和本地的时钟存在差异。如果我们没有一个原子钟怎么办？那就需要第四个卫星来给我们当这个"钟"。

四、思维大爆炸

任务1：GPS应用广泛，查一查，GPS对人类生活的哪些方面造成了影响？

任务2：总结查阅的信息并制作成PPT，利用PPT中"超链接"的功能，呈现更多的内容。

超级链接在幻灯片（PPT）中的作用

PPT在播放演示时可以直接在当前界面上点击超链接图标，在该界面上播放相应的要播放的文件；不需要最小化当前的PPT窗口就能边演示图片、动画等，边讲解、边感受。

1.设置超级链接的方法

（1）利用【插入】菜单中的"超链接…"命令或【幻灯片放映】菜单中的"动作设置"命令，给幻灯片上的可编辑对象设置超级链接；

（2）利用【幻灯片放映】菜单中的"动作按钮"命令，在任意一张幻灯片上插入动作按钮，设置动作目标，它能实现和超级链接相同的功能。

2.演示文稿中超级链接的类型

（1）内部链接，它的目标是演示文稿内部的任意一张幻灯片；

（2）外部链接，它的目标是演示文稿之外的各类文档、文件、图片、网页、电子邮件等。

　　也许有人会问，美国的GPS系统已经十分健全了，目前已经完全满足正常的生活需求，我们国家为什么还要花费大量的时间和金钱，去建设自己的全球定位系统呢？

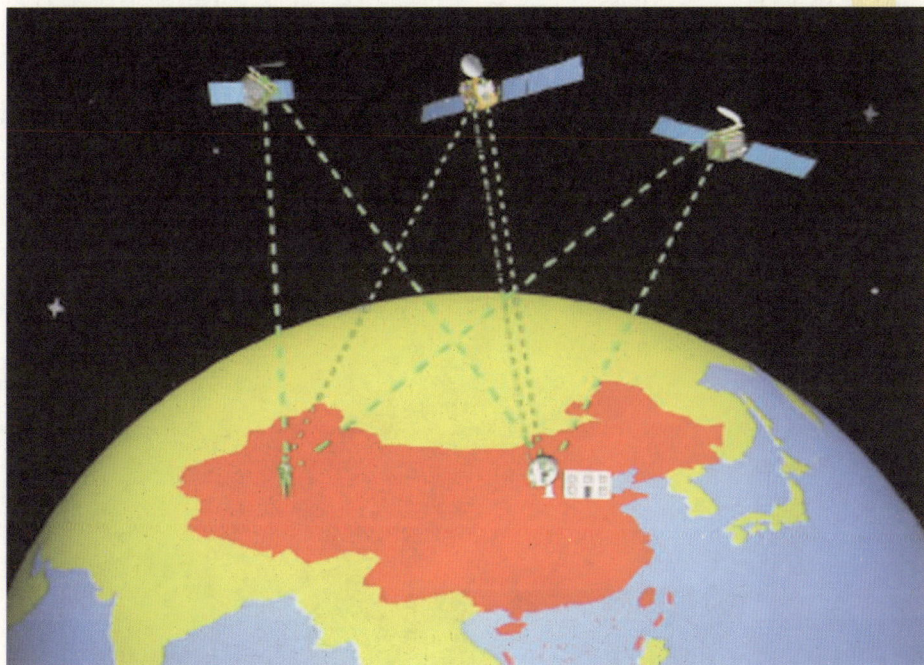

一、 "北斗" 发展计划

北斗卫星导航系统是我国自行研制开发的区域性的有源三维卫星定位与通信系统（CNSS），包括北斗卫星定位试验系统（"北斗一号"）和北斗卫星定位系统（"北斗二号"）。开发北斗卫星导航系统的目的是向全球用户提供高质量的定位、导航和授时服务，北斗卫星导航系统的建设与发展则遵循开放性、自主性、兼容性、渐进性原则。

"北斗一号"方案于1983年提出，2011年4月10日4时47分，我国在西昌卫星发射中心用长征三号甲运载火箭，成功将第八颗北斗导航卫星送入太空预定转移轨道，这次发射标志着北斗区域卫星导航系统的基本建成。

北斗卫星导航系统的产生与发展可分为三大阶段。

第一阶段为试验阶段，目标是将信号覆盖我国。该阶段以2000年成功发射的两颗"北斗一号"卫星为结束，两颗卫星成功构成了北斗导航系统，形成了区域的有源服务能力。

第二阶段为2001年到2012年建设的北斗二号系统，目标是覆盖亚太区域。第二阶段的北斗导航的目标也已经实现，它已经覆盖了亚太地区。此次北斗系统的升级，除了还不能达到全球覆盖，从性能方面讲已经与美国GPS不相上下。

北斗一号系统　　　　北斗二号系统　　　　北斗全球系统

第三阶段，2013年到2020年组建北斗全球系统。预计到2020年时，将35颗卫星全部发射升空，实现北斗卫星导航系统的全球覆盖能力。

二、北斗卫星导航 —— 系统的构成

北斗卫星导航系统需要发射35颗卫星，足足比GPS多出11颗。

北斗卫星导航系统将提供开放服务和授权服务。开放服务在服务区免费提供定位、测速和授时服务，定位精度为10米，测速精度为0.2米/秒。授权服务主要应用于军事，将向授权用户提供更安全与更高精度的定位和通信服务功能。

北斗卫星定位系统与GPS系统的主要区别是：

（1）覆盖范围：目前，北斗导航系统是覆盖我国本土的区域导航系统，GPS是覆盖全球的全天候导航系统。

（2）卫星数量和轨道特性：北斗导航系统是在地球赤道平面上设置2颗地球同步卫星；GPS是在6个轨道平面上设置24颗卫星。

（3）定位原理：北斗导航系统是主动式双向测距二维导航。地面中心控制系统解算，向用户提供三维定位数据。GPS是被动式伪码单向测距三维导航。由用户设备独立解算自己的三维定位数据。

（4）定位精度：北斗导航系统三维定位精度为几十米；GPS三维定位由25-100m提高到12m，授时精度目前约20ns。

（5）用户容量：北斗导航系统由于是主动双向测距的询问 — 应答系统，系统的用户容量取决于用户允许的信道阻塞率、询问信号速率和用户的响应频率，北斗导航系统的用户设备容量是有限的。GPS是单向测距系统，用户设备只要接收到导航卫星发出的导航电文即可进行测距定位，GPS的用户设备容量是无限的。

（6）北斗卫星导航系统也有一些自身的特点，其具备的短信通信功能是GPS所不具备的。

三、思维大爆炸

北斗导航系统，与GPS相比，各自有哪些优缺点？讨论完成后，请同学们完成下面表格中的内容。

组号：

	全球定位系统	北斗导航系统
优点		
缺点		

03 卫星定位

　　卫星定位很容易提供位置、速度和时间信息，所以能很好地与其他系统结合，形成大量的新应用、新产品。卫星定位系统迅速地进入我们日常工作、学习、生活和娱乐中，比如当前流行的汽车导航系统，手机导航系统等，卫星定位逐步地在改变我们的生活。

一、卫星定位家族

卫星定位系统不止GPS和北斗导航系统，还有其他国家所研发的系统。目前，世界上仅有4套卫星定位系统处于工作或研制状态，即美国的GPS、俄罗斯的"格洛纳斯"系统、欧盟的"伽利略"系统以及我国的"北斗"导航系统。

二、"伽利略"系统

2002年，欧盟的"伽利略"系统正式启动，目标是建成覆盖全球的卫星定位系统，既可以为公众提供基本信号，也可以为政府提供高度保密的信号，从而打破美国在这一领域的垄断。

"伽利略"卫星导航定位系统总共发射30颗卫星，其中27颗卫星为工作卫星，3颗为候补卫星，还有2个地面控制中心。

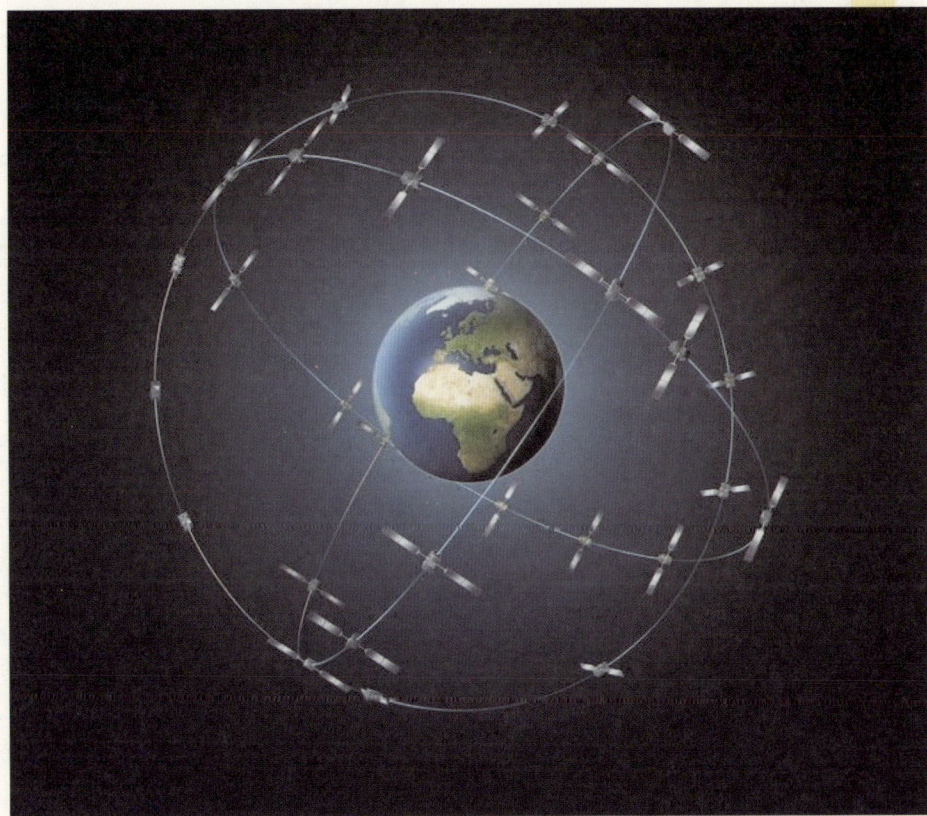

三、"格洛纳斯"系统

"格洛纳斯"（GLONASS）是前苏联从20世纪80年代初开始建设的与美国GPS系统相类似的卫星定位系统。虽然"格洛纳斯"系统的第一颗卫星早在1982年就已发射成功，但受苏联解体影响，整个系统发展缓慢。目前此卫星网络由俄罗斯国防部控制。

GLONASS系统由24颗卫星组成，原理和方案都与GPS类似，不过，其24颗卫星分布在3个轨道平面上，地面控制部分全部都在俄罗斯领土境内。俄罗斯自称，多功能的GLONASS系统定位精度可达1米，速度误差仅为15厘米/秒。

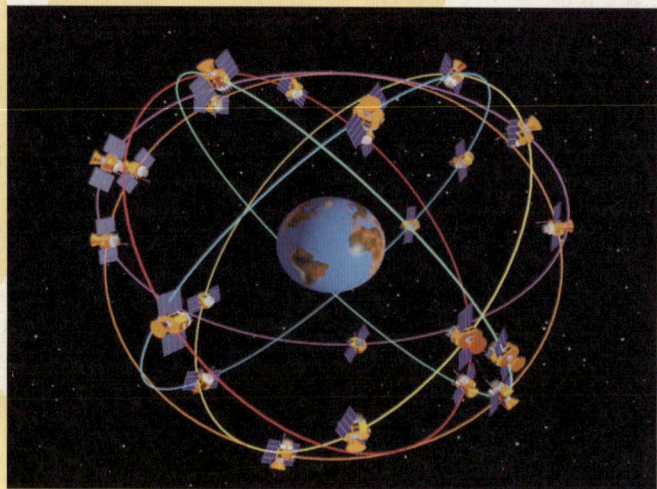

四、思维大爆炸

如果说卫星定位系统的功能仅仅是用于导航，那么就太小看它了。其实卫星定位系统与我们的日常生活息息相关。

任务1：根据所学知识和生活中了解的信息，总结卫星定位系统具有哪些作用？

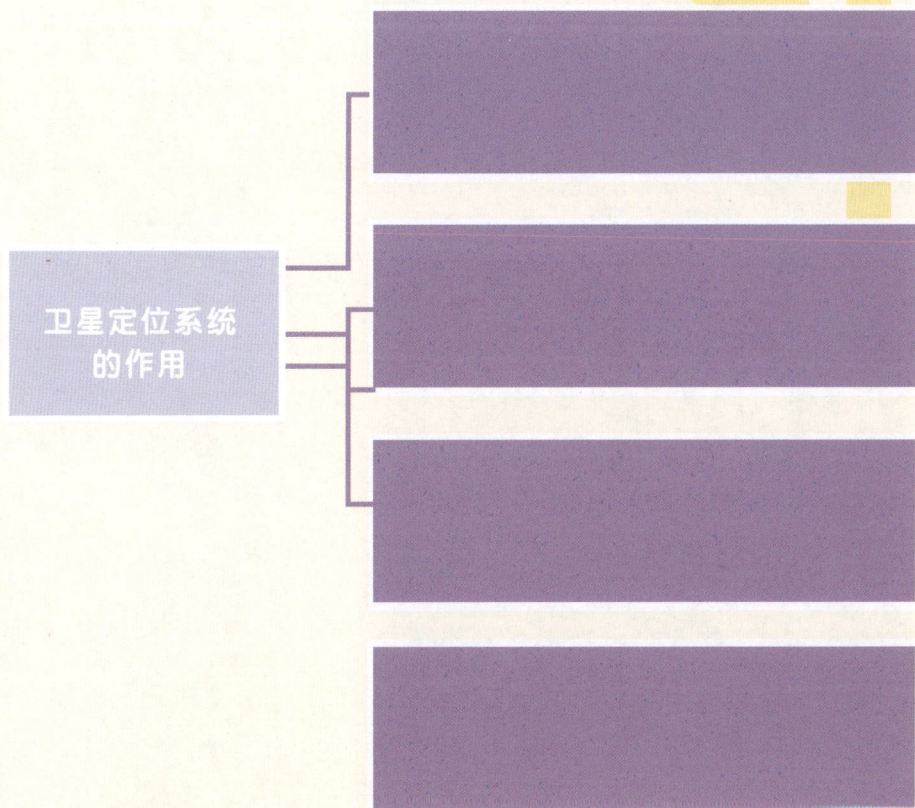

卫星定位系统
的作用

任务2：利用所学的Scratch知识模拟卫星定位系统工作。

任务3：记录下你在完成任务过程中的感受及问题。

进步之星

在下面的进步评比表中，每一项的分值为10分，请根据自己的行为表现打分吧！

指标	分值	自评	小组成员评分	师评得分
在课堂上认真听讲	10			
积极参与分工合作	10			
愿意进行表达交流	10			
认真全面查阅资料	10			
作业或任务表现好	10			
评价结果	☐ 优秀　　☐ 良好 ☐ 合格　　☐ 相信下次做得更好			
我的收获及设想				
我感到好奇的新问题				

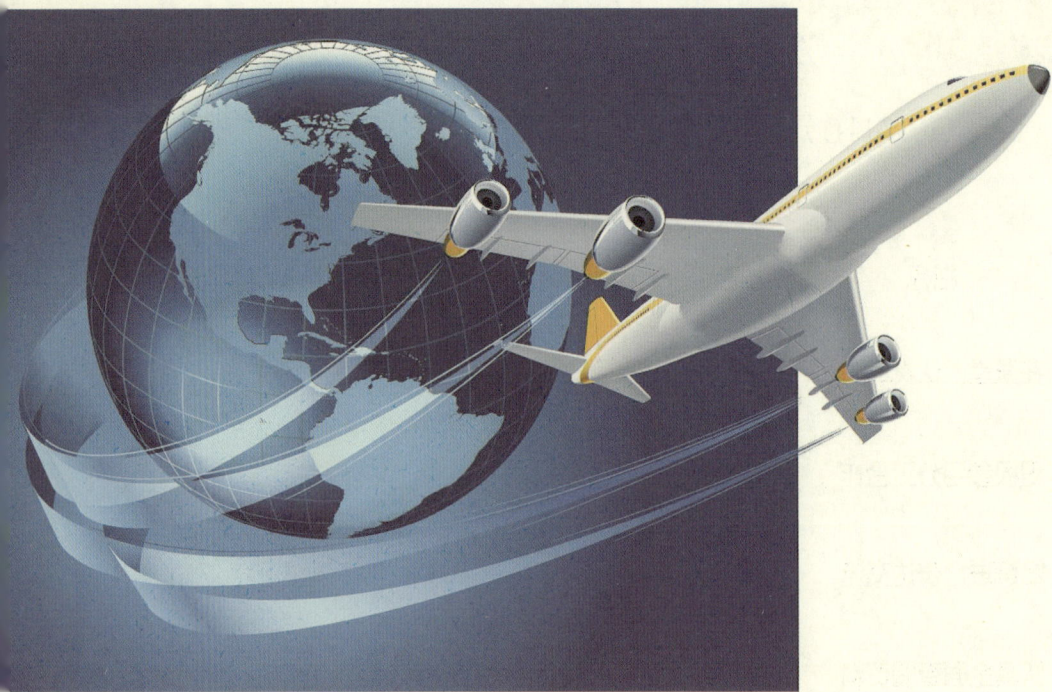

第四单元　飞机的通信

　　飞机从起飞到降落，每时每刻都由人工或自动向地面的监控室发送飞行报告，地面的监控（空中交警）综合各方面数据，手动或自动反馈给飞行员。飞行状况时时都在地面的监控之中，时时进行提醒或交流。这些便捷的通信都得益于飞机的通信系统！

01 飞机通信系统

　　飞机通信系统主要用于在飞行各阶段中飞行员和地面的航行管制人员、签派以及地面其他相关人员的语音联系，同时也提供了飞行员之间和乘务员之间的联络服务。

飞机的通信系统具有多种作用，请写在下面的方框中。

作用

一、甚高频通信系统

甚高频通信系统用于飞机与飞机、飞机与地面台之间的短距离话音通信。

甚高频（**VHF**）通信系统

起飞和降落时期是飞行员处理问题最繁忙的时期，也是飞行中最容易发生事故的时间，因此必须保证甚高频通信的高度可靠，所以民用飞机上一般都装有一套以上的备用系统。

二、高频通信系统

高频通信系统是远距离通信系统，它的电磁波利用电离层的反射，因而通信距离可达数千公里。

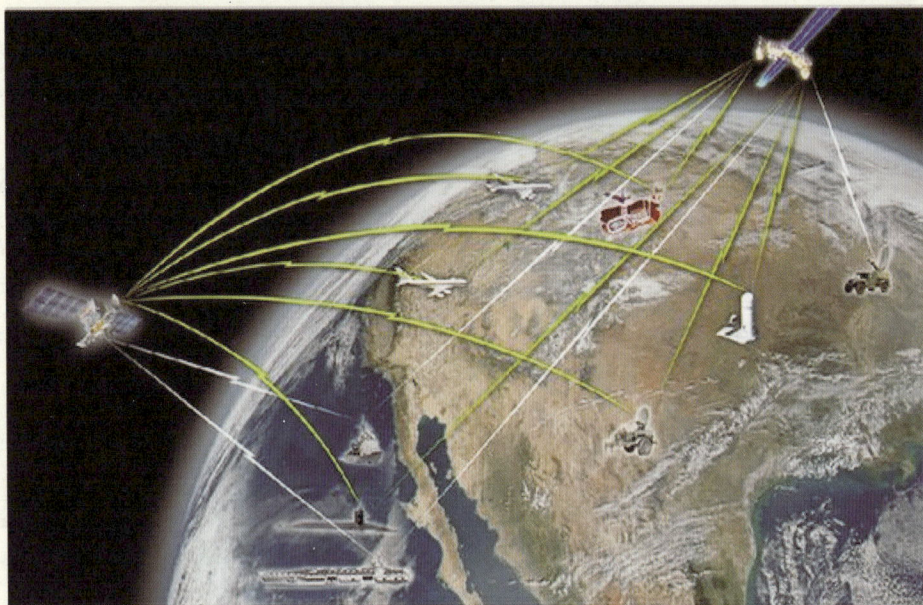

当飞机飞上蓝天，需要远距离通信时怎么办呢？这时就要依靠高频通信系统，它供飞机与地面或飞机与其他飞机之间远距离报话通信之用，通信距离可达数千公里。

三、选择呼叫系统

选择呼叫系统供地面塔台通过高频或甚高频通信系统对指定飞机或一组飞机进行呼叫联系。

当地面呼叫一架飞机时，飞机上的选择呼叫系统以灯光和音响通知机组有人呼叫，从而进行联络，避免了飞行员长时间等候呼叫，从而减少飞行员的疲劳。

四、音频综合系统

音频综合系统分为飞行内话系统、勤务内话系统、客舱广播及娱乐系统、呼叫系统。

飞行内话系统主要是飞行员使用的系统；勤务内话系统主要是地面维修人员使用的系统；客舱广播及娱乐系统是乘务员向旅客广播通知和播放音乐的系统；呼叫系统与内话系统相配合。

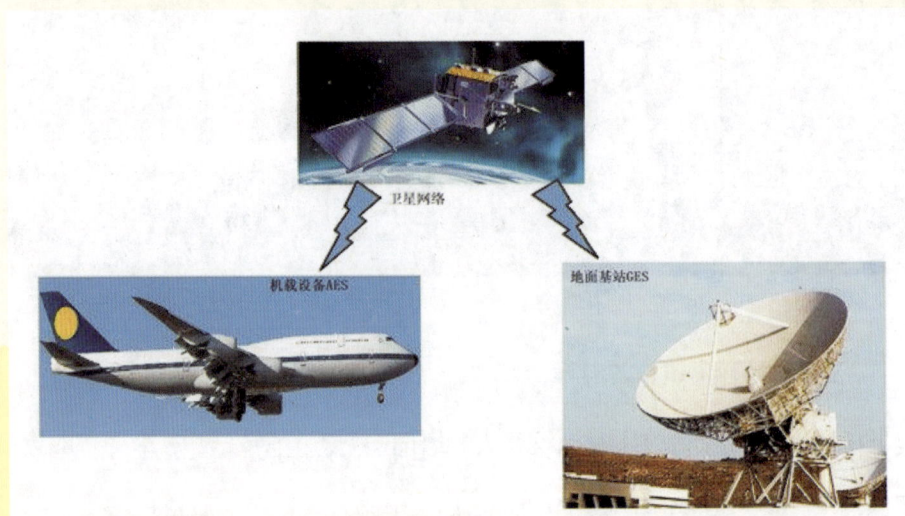

卫星网络

机载设备AES

地面基站GES

五、活动乐园

飞机的通信系统作用这么广泛，你们能将通信系统的使用编成情景剧，展示给大家吗？

在战争时期，各国军方就利用无线电报机来发送加密情报指挥部队作战；在当前的生活领域，无线电也起着重要的作用，飞机通信就是利用无线电来实现的。

一、摩尔斯电码

摩尔斯电码（Morse Code）又称摩尔斯密码，是美国人萨缪尔·摩尔斯于1844年发明的，它是一种时通时断的信号代码，通过不同的排列顺序来表达不同的英文字母、数字和标点符号。

字符	代码	字符	代码	字符	代码	字符	代码	字符	代码	字符	代码	字符	代码
A	·−	B	−···	C	−·−·	D	−··	E	·	F	··−·	G	−−·
H	····	I	··	J	·−−−	K	−·−	L	·−··	M	−−	N	−·
O	−−−	P	·−−·	Q	−−·−	R	·−·	S	···	T	−	U	··−
V	···−	W	·−−	X	−··−	Y	−·−−	Z	−−··				

最早的摩尔斯电码是一些表示字母的点和划，字母对应单词，需要查找一本代码表才能知道每个词对应的数，用一个电键可以敲击出点、划以及中间的停顿。

1 ·−−−−
2 ··−−−
3 ···−−
4 ····−
5 ·····
9 −−−−·
8 −−−··
7 −−···
6 −····
0 −−−−−

摩尔斯密码编码简单清晰，编码主要由两个字符表示："."、"-"。灯光长亮为"-"，灯光短亮为"."，那么就可以通过手电筒的开关来发送各种信息，例如求救信息。如果灯光是按照"短亮暗短亮暗短亮暗长亮暗长亮暗长亮暗短亮暗短亮暗短亮"这个规律来显示的话，那么它就意味着是求救信号SOS（···———···）。

　　摩尔斯电码并非只有"点"和"划"（电报中表达为短滴和长答）两种信息表达方式，其实还有间隔，并且间隔根据长短，还可细分为字间隔、词间隔和句间隔，再加上"点"和"划"之间本来就有的超短间隔，一共是6种表达信息的方式。

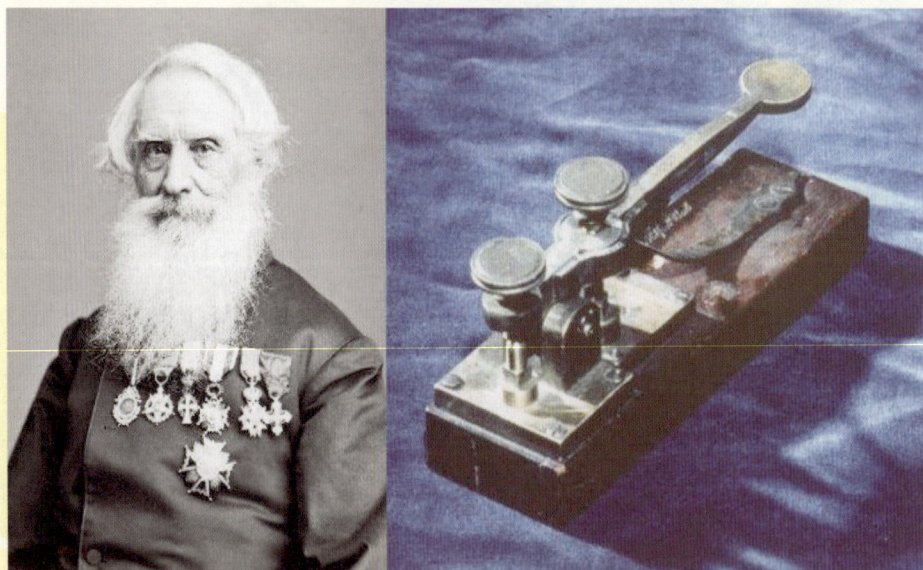

二、乐行益智

任务1：各小组根据图纸完成无线电报机的制作；

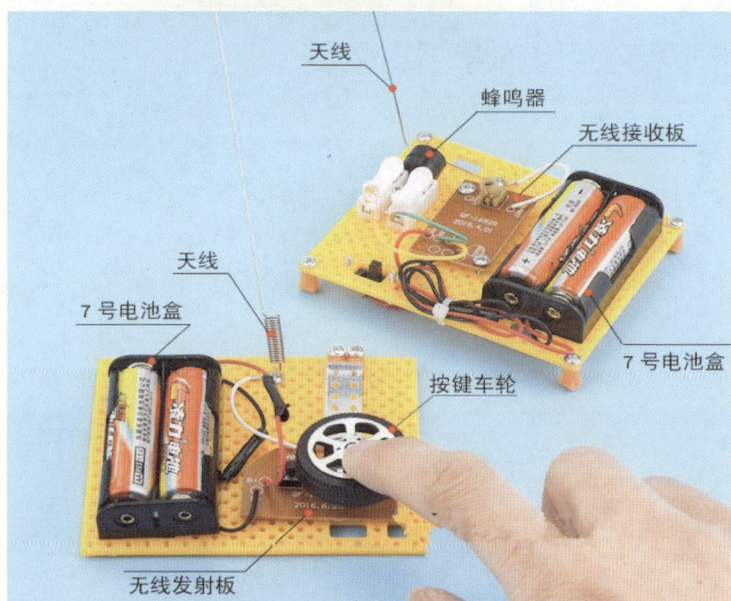

天线

蜂鸣器

无线接收板

天线

7 号电池盒

按键车轮

7 号电池盒

无线发射板

用摩尔斯电码加密一个英文字母，用电报机发送自己加密好的信息。

MISS U 想念你
- - . . . .

你的英文字母的摩尔斯密码

任务2：利用所学的Scratch知识制作无线电报机。

任务3：记录下完成任务过程中的感受或问题。

03 无声电磁波

  飞机能够进行无线通信，是因为自由空间中存在着电磁波。电磁波是能量的一种，凡是能够释放出能量的物体，都会释放出电磁波。如同人们一直生活在空气中而眼睛却看不见空气一样，人们也看不见无处不在的电磁波。

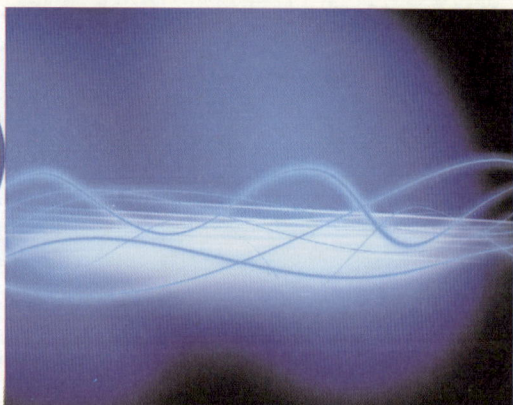

电磁波是能量的一种，凡是高于绝对零度的物体，都会释放出电磁波。且温度越高，释放出的电磁波长就越短。

　　电磁波是电磁场的一种运动形态。电与磁可以说是一体两面，变化的电场会产生磁场（即电流会产生磁场），变化的磁场则会产生电场。

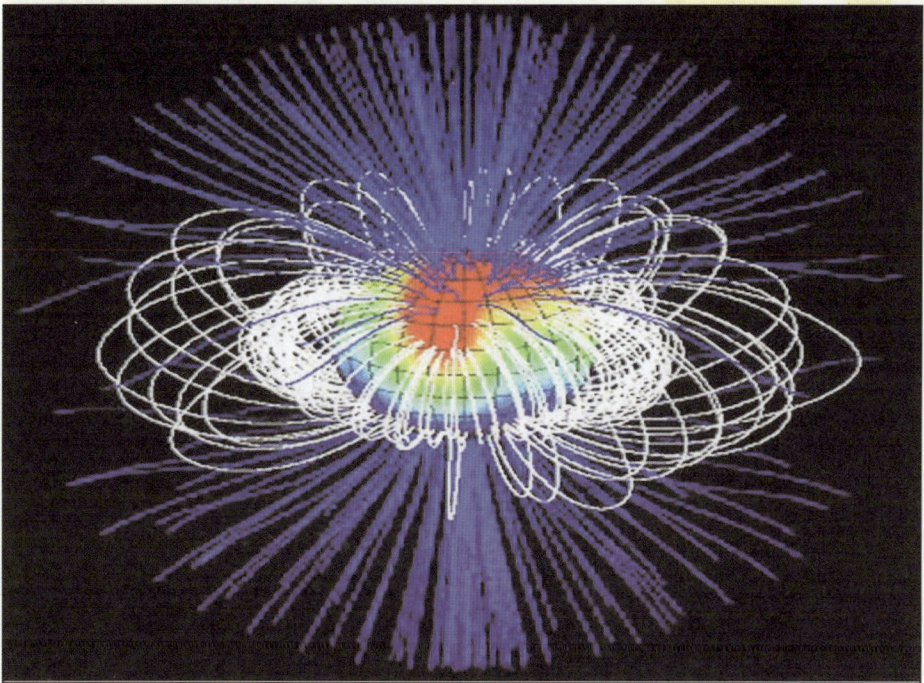

变化的电场和变化的磁场构成了一个不可分离的统一的场，这就是电磁场，而变化的电磁场在空间的传播形成了电磁波，电磁的变动就如同微风轻拂水面产生水波一般，因此被称为电磁波，也常称为电波。

电磁波在我们生活的许多方面发挥着重要的作用，如电磁波中的微波不仅用于微波炉，还用于卫星通信等；红外线用于遥控、热成像仪、红外制导导弹等；紫外线用于医用消毒、验证假钞、测量距离等；X射线用于医疗上的CT照相等。

一、电磁波的应用

电磁波可以用于探测、定位、通信等，在我们的生活中发挥着重要的作用。

（一）电磁波在收音机中的应用

生活中的无线电广播和电视就是利用电磁波来进行传播的。在无线电广播中，人们先将声音信号转变为电信号，然后将这些信号由高频振荡的电磁波带着向周围空间传播。而在另一地点，人们利用接收机接收到这些电磁波后，又将其中的电信号还原成声音信号，这就是无线广播的发声过程。

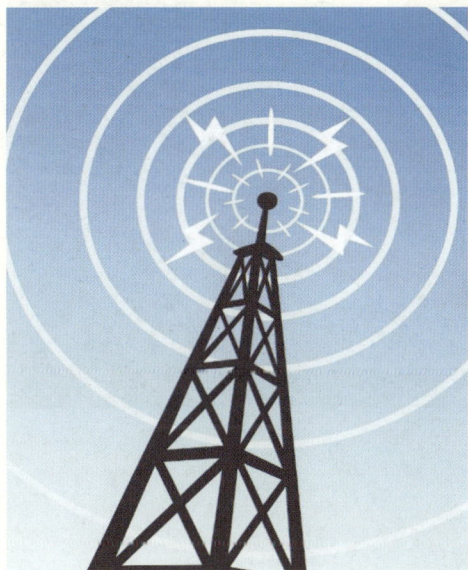

（二）电磁波在手机中的应用

手机也是利用电磁波传递信息的。手机是一个电磁波接收器，也是电磁波发射器。人们对着手机讲话，手机把声波转变成电信号，经天线发射出去。载有语言信息的电磁波被基站接收，基站将电信号发射给另一个移动手机，接收方的手机接收到电磁波信号后，用手机转换器和发声器转变为声音，然后让收话人听到。

（三）电磁波在微波炉中的应用

　　家里面的微波炉就是利用电磁波中的微波进行工作的。微波是指频率为300MHz~300GHz的电磁波，微波炉能够加热食物是因为微波在遇到金属材料时能反射，遇到玻璃、塑料、陶瓷等绝缘材料时可以穿透，遇到含有水分的蛋白质、脂肪等介质时可被吸收，并将微波的电磁能量变为热能。

二、活动乐园

请用绘图的方式，画一画电磁波在收音机或手机中的信号传递。

三、思维大爆炸

查阅资料，找一找与电磁波相关的信息，了解电磁波对人类有什么危害。

进步之星

在下面的进步评比表中，每一项的分值为10分，请根据自己的行为表现打分吧！

指标	分值	自评	小组成员评分	师评得分
在课堂上认真听讲	10			
积极参与分工合作	10			
愿意进行表达交流	10			
认真全面查阅资料	10			
作业或任务表现好	10			
评价结果	☐ 优秀　　☐ 良好 ☐ 合格　　☐ 相信下次做得更好			
我的收获及设想				
我感到好奇的新问题				